나 _____ 은

이 책의 60일 과정을

____월 ____일에서 ____월 ____일까지

일주일에 ____번, 하루 ____분 이상

꾸준히 학습할 것을 약속합니다.

★★★★★★ TICKET ★★★★★★

제이미쌤과 함께하는
[하루 20분 한줌영어 챌린지]
특별 초대권

참여 방법

❶ 상단의 QR코드를 스캔하고 챌린지 일정을 확인하세요.
❷ 신청서를 제출하면, 일정에 맞춰 채팅방에 초대해드립니다.

✓ 이 챌린지는 도서 구매자만 참여할 수 있어요! [기간한정]
  (자세한 사항은 상단의 QR코드를 스캔하여 확인하세요.)

하루 20분
한 줌 영어

강하영(제이미쌤) 지음

하루 20분 한줌영어

초판 1쇄 발행 · 2025년 4월 20일

지은이 · 강하영
발행인 · 이종원
발행처 · (주) 도서출판 길벗
브랜드 · 길벗이지톡
출판사 등록일 · 1990년 12월 24일
주소 · 서울시 마포구 월드컵로 10길 56(서교동)
대표전화 · 02) 332-0931 | **팩스** · 02) 323-0586
홈페이지 · www.gilbut.co.kr | **이메일** · eztok@gilbut.co.kr

기획 및 책임 편집 · 임명진(jinny4u@gilbut.co.kr), 김대훈 | **표지디자인** · 강은경 | **제작** · 이준호, 손일순, 이진혁
마케팅 · 차명환, 장봉석, 최소영 | **유통혁신** · 한준희 | **영업관리** · 김명자, 심선숙 | **독자지원** · 윤정아

편집진행 및 교정교열 · 강윤혜 | **전산편집** · 이현해 | **본문디자인** · 수박스튜디오
녹음 및 편집 · 와이알미디어 | **CTP 출력 및 인쇄** · 정민 | **제본** · 경문제책

- 길벗이지톡은 (주)도서출판 길벗의 성인어학서 출판 브랜드입니다.
- 이 책은 저작권법의 보호를 받는 저작물로 이 책에 실린 모든 내용, 디자인, 이미지, 편집 구성은 허락 없이 복제하거나 다른 매체에 옮겨 실을 수 없습니다.
- 인공지능(AI) 기술 또는 시스템을 훈련하기 위해 이 책의 전체 내용은 물론 일부 문장도 사용하는 것을 금지합니다.
- 잘못 만든 책은 구입한 서점에서 바꿔 드립니다.
- 책 내용에 대한 문의는 길벗 홈페이지(www.gilbut.co.kr) 고객센터에 올려 주세요.

ⓒ 강하영, 2025
ISBN 979-11-407-1237-3 03740 (길벗 도서번호 301199)

정가 19,000원

독자의 1초를 아껴주는 정성 길벗출판사

(주)도서출판 길벗 | IT단행본, 성인어학, 교과서, 수험서, 경제경영, 교양, 자녀교육, 취미실용 **www.gilbut.co.kr**
길벗스쿨 | 국어학습, 수학학습, 주니어어학, 어린이단행본, 학습단행본 **www.gilbutschool.co.kr**
유튜브 @GILBUTEZTOK | **인스타그램** gilbut_eztok | **네이버포스트** gilbuteztok

★★★ To the Readers ★★★

"답답해요. 머리로는 아는데, 입이 안 떨어져요…"
"새로운 표현을 배워도 제 문장으로는 안 나오던데요?"
영어 말하기를 잘하고 싶은 우리 모두의 가장 큰 고민입니다.

"전 제가 영어를 진짜 잘하는 줄 알았어요."
약 10년 전, 한 학생이 저에게 비슷한 고민을 털어놓았습니다. 그 친구는 스물두 살에 미국 교환학생으로 떠나 겪은 황당한 에피소드들을 쏟아냈습니다. 어느 날, 하교 후 월세방으로 돌아왔는데 집주인이 아무렇지 않게 집 안을 돌아다니고 있었대요. 시험 날에는 건장한 미국 청년들이 시험지를 대놓고 컨닝하기도 했습니다. 한국이었다면 원래 성격대로 싸우거나 한마디쯤 했겠죠. 하지만 아무 말도 못 하다가 나중에서야 '아, 그때 이렇게 말할 걸!' 하며 이불킥을 했대요. 셰익스피어 작품을 읽고 분석하거나 논문을 발표하는 건 문제없었지만, 현지 친구들과 어울릴 때는 맨날 비슷한 말만 반복하다 보니 스스로 재미없는 사람처럼 느껴졌다고 합니다.

맞아요. 그 학생이 잘했던 건 '가짜 영어'였습니다. 수능 혹은 토익 만점을 받았다고 해서, 또는 전공이 영어영문학이라고 해서 외국인과 자연스럽게 대화할 수 있는 것은 아니니까요.

귀국 후 그는 전공서, 논문, 뉴스 기사 읽는 시간을 줄였습니다. 대신, 영어 드라마·예능·영화·유튜브를 매일 보고 따라 했고, 외국인 친구들과 언어 교환 활동을 하거나 영어 일기를 쓰면서 '진짜 영어'를 체득하기 시작했습니다. 그리고 실제로 영어를 쓸 기회를 잡기 위해 해외 인턴, 유학, 워홀까지 거침없이 도전했어요. 그렇게 수년간 노력한 끝에, 이제는 원어민들과 자유자재로 소통하며 세계를 무대로 일하고 있습니다. 동시에, 과거의 자신처럼 영어 때문에 어려움을 겪는 성인 학습자들이 '진짜 영어'를 익힐 수 있도록 돕고 있답니다.

이미 눈치채신 분도 있겠지만, 사실 이 학생의 이야기는 바로 저의 경험담입니다. 이제는 영어가 모국어인 사람들과 비즈니스도 하고, 농담도 주고받으며 자유롭게 대화합니다. 그리고 세계 어디서든 문제없이 살아갈 수 있는 언어적 자유를 누리고 있습니다. 그러면서 다짐했어요.

"이 자유로운 기분을 더 많은 사람들이 느꼈으면 좋겠다!"
"영어로도 나다울 수 있는 경험을 선물하고 싶다!"
그리고 그 목표를 위해 가장 중요한 두 가지 장치를 이 책에 확실하게 담았습니다.

◆ **첫 번째 장치: 아웃풋 챙기기**

인풋도 물론 중요하죠. 재료가 있어야 요리를 할 수 있으니까요. 하지만 오늘날 우리는 인풋의 홍수 속에 살고 있습니다. 유튜브, 강의, 책을 통해 매일 수많은 표현들이 쏟아지고 있고, 훌륭한 수업과 강의들이 넘쳐납니다. 문제는, 그 표현들을 봤다고 해서 내가 그 표현을 쓸 수 있는 건 아니라는 거죠. 안다고, 말할 수 있다고 착각하는 것뿐입니다.

아무리 많은 패턴을 접해도 정작 해외여행 갔는데 내 입에서 나오지 않는다면 내 것이 아닌 겁니다. 학습한 경험이나 어디서 본 기억이 있다고 영어를 말할 수 있을 거라는 착각은 마치 '콩'이라는 재료를 마트에서 구경한 뒤, 바로 '콩국수'를 만들려는 것과 다르지 않습니다. 콩국수를 만들려면, 콩을 사서 익히고, 으깨고, 이리저리 요리하는 과정이 필요합니다. 그런 경험이 풍부하고 다채로울수록 여러분은 더 다양하고 맛있는 요리를 만들 수 있게 되는 것이지요.

이 책은 정보를 쏟아내고 연습은 알아서 하라는 식의 책이 아닙니다. 좋은 콩을 골라줄 뿐만 아니라, 직접 요리를 연습할 수 있도록 단계별 아웃풋 훈련을 제공합니다.

◆ **두 번째 장치: 조금씩 꾸준하게 하기**

영어 공부를 결심하고 온라인 강의를 결제하거나 책을 구입했지만, 작심삼일로 끝난 경험, 다들 있으시죠? 영어는 두 시간 바짝 몰아서 공부하는 것보다, 20분씩 매일 꾸준히 하는 것이 훨씬 효과적입니다.

그래서 이 책은 바쁜 현대인들도 부담 없이 꾸준히 할 수 있도록 체계적인 학습 계획을 짜드렸습니다. 하루 20분이면 듣기, 표현, 문법, 연습까지 하면서, 성취감과 자신감을 쌓아갈 수 있도록 도왔습니다. 뿐만 아니라, 쇼츠와 강의를 통해 여러분께 꾸준한 리마인드와 동기 부여도 해드릴 예정입니다.

이 책은 여러분이 저보다 시행착오를 덜 겪고, 편안하고 즐겁게 영어 공부의 여정을 시작하셨으면 하는 마음을 담아 한 자 한 자 눌러 쓴 책입니다. 하고 싶은 말을 못 해서 펑펑 울고, 이불킥하던 스물두 살 교환학생 시절의 저를 떠올리며 썼습니다.

이 책으로 60일 공부한다고 해서 모든 말을 영어로 할 수 있게 되지는 않을 거예요. 하지만, 일상의 주요 의사소통 상황에서 필요한 영어 표현들이 내 입에서 흘러나오는 신기한 경험을 하게 될 겁니다. 그리고 무엇보다, 조화로운 인풋과 아웃풋의 중요성을 깨닫고, 영어를 꾸준히 할 수 있는 추진력을 얻어가시길 기대합니다.

이 책이 나오기까지 도움을 주신 길벗출판사의 모든 분들, 늘 믿어주고 응원해주는 가족들, 그리고 제 진심을 믿고 따라와 주시는 '한줌이&멱살이' 여러분께 감사 인사를 전하며 이 글을 마칩니다.

제이미쌤 강하영

✦✦✦ Success Stories ✦✦✦

다음은 제이미쌤 한줌영어 구독자들의 수강 후기를 발췌 편집했습니다.

유튜브 쇼츠에서 배운 표현, 뉴질랜드에서 매일 사용 중!
뉴질랜드에 와서 쇼츠 챌린지에서 배운 표현들, 진짜 유용하게 사용하고 있어요! Have a good one!처럼 제이미쌤이 가르쳐준 표현들 매일 쓰고 다녀요! 배운 게 바로바로 실전에서 적용되니까 재미있어요.

배운 즉시 실전에 활용했어요!
오늘 처음 만난 외국인이랑 스몰토크했는데 제미이쌤이 알려주신 인사표현 유용하게 써먹었어요! 이렇게 빨리 실전에 활용하게 될 줄은 상상도 못했어요. 다음에는 또 어떤 표현을 배울지 너무 기대됩니다!

하루 20분 투자로 영어 습관 만들기!
미국에서 오래 살았지만 영어가 늘지 않아서 거의 포기하고 간단한 표현만 쓰고 살았어요. 그런데 우연히 만난 제이미쌤 강의와 영상 덕분에 영어 습관 만들고 '아하 모먼트'도 정말 많이 경험했어요! 다들 제이미쌤이 떠먹여주는 강의, 씹고 삼키기만 하면 됩니다! 화이팅!

영어 공부, 이번엔 꾸준히 하고 있어요!
예전엔 영화나 유튜브에서 영어 표현이 그냥 지나갔는데, 이제는 귀에 쏙쏙 들어와요! 강의도 알차고 반복 학습으로 자연스럽게 귀에 익었어요. 영어 공부를 꾸준히 하고 싶지만, 늘 포기하던 저 같은 사람에게 강추!

영어는 되는데 말이 안 나왔다면?!
수능, 토익으로 읽기는 괜찮았지만, 말이 안 나왔어요. 그런데 이제 외국 영화 볼 때 한글 자막 없이 표현들이 들리고, 해외에 갈 일이 있었는데 배웠던 표현들이 자연스럽게 나와서 수업 복습하는 느낌으로 온갖 표현 다 써먹고 왔어요.

10년 넘게 공부했는데 이제야 입이 트였어요!
유튜브 쇼츠만 보며 영어 공부를 미루던 제가 제이미쌤 강의를 듣고 변했습니다! 10년 넘게 영어회화, 토익 학원 다녔지만, 해외 나가면 꿀 먹은 벙어리였어요. 그런데 이제는 외국인과 농담까지 주고받을 정도로 입이 트였습니다!

실생활에서 바로 써먹는 꿀표현들!
수강해서 제대로 완강한 강의는 제이미쌤 강의가 처음이에요! 실생활에서 바로 사용 가능한 꿀표현들로 꽉꽉 채워져 있어요! 완강 후의 뿌듯함은 덤! 혼자 공부하기 힘든 분들, 영어 공부 습관 만들고 싶은 분들에게 딱이에요.

유튜브, 인스타에서 배운 표현이 들려요!
배운 표현들이 유튜브 쇼츠나 인스타 릴스에서 나올 때마다 엄청 신기해요! 예전에는 그냥 지나쳤던 표현들이 이제는 귀에 쏙쏙 들어오고, 어떤 상황에서 쓰이는지도 훨씬 잘 이해하게 되었어요.

짧은 집중력에도 딱 맞는 학습 루틴!
캐나다에서 살고 있지만 영어가 늘지 않아 시작했어요. 짧은 집중력에도 딱 맞춰져 있어 "오늘 20분만 투자하자"라는 마음으로 꾸준히 하게 돼요. 바쁜 일상 속에서도 영어 습관을 잡고, 외국인들이 실제로 자주 쓰는 표현들을 효율적으로 공부하고 싶다면 추천해요.

바쁜 직장인도 부담 없이 할 수 있어요!
회사나 학교 생활로 바쁜 분도 부담 없이 할 수 있어요! 씻고 잠들기 전, 짧지만 강력한 학습을 할 수 있도록 커리큘럼이 짜여 있어서 영어 공부를 처음 시작하는 분들에게 추천하고 싶어요.

★★★ Study Guide ★★★

한줌영어는 **총 30편의 쇼츠 영상**을
INPUT(학습)→ 유용한 회화 표현 익히기
OUTPUT(훈련)→ 말하기 훈련으로 표현을 내 것으로 만들기
두 단계로 나누어 **60일 동안 체계적으로 학습할 수 있도록 구성**했어요.

책 소개 영상
바로가기

🔂 INPUT　한줌영어 표현 익히기

먼저, 쇼츠 영상을 보고 생생한 현지 영어를 체험하세요. 그리고…

❶ **귀 쫑긋 상황 파악** 🎧 MP3파일을 들으며 대화 내용을 파악하세요. 영어를 보며 들어도 OK!
❷ **귀 쫑긋 입 뻥긋** 👁 우리말을 보고 영어로 따라 말해보세요. 영어를 보며 따라 해도 OK!
❸ **ZOOM IN 한줌영어** 🔍 대화 속 유용한 표현을 배울 차례입니다. 영어회화 & 영문법 꿀팁 대방출!

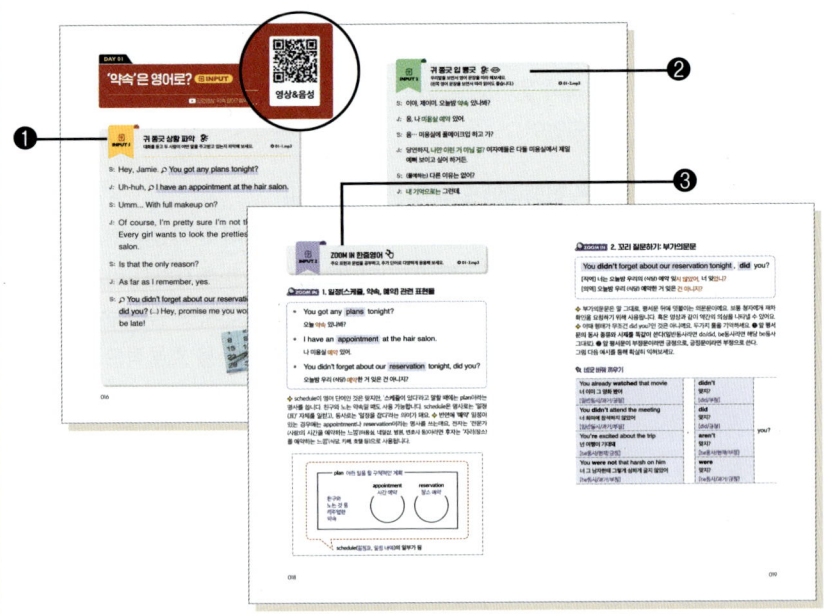

60일 학습이 끝나면 여러분은?

✓ 여행, 카페, 식당, 회사 등 실생활에서 자연스럽게 영어로 말할 수 있어요!
✓ 영어로 듣고 말하는 것이 더 이상 두렵지 않아요!
하루 20분, 생생한 쇼츠 영상을 보며 차근차근 따라 하면 영어 자신감 확실히 업!

▶ OUTPUT 직접 말해보기

이제 배운 표현을 입으로 직접 말하면서 내 것으로 만들 차례! MP3파일을 들으면서

❶ **단어 채워 말하기** 🗣 빈칸을 채우며 자연스럽게 단어를 익혀보세요.
❷ **구문 채워 말하기** 🗣 핵심 구문을 활용해 말하는 연습을 하세요.
❸ **문장 채워 말하기** 🗣 완전한 문장을 만들어 말해보세요.
❹ **원어민과 똑같이 말하기** 🗣 실제로 원어민과 대화하듯 자연스럽게 문장을 완성하세요.

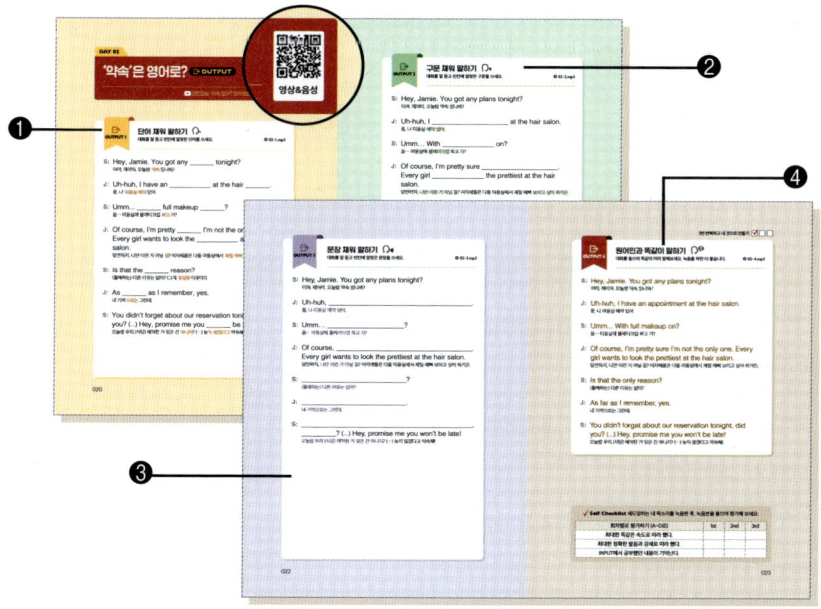

★★★ Daily Study Tracker ★★★

1 일상 영어 Everyday English 1

책 순서		오늘의 한줌영어	페이지	학습일
DAY 01	INPUT	'약속'은 영어로?	016	___ / ___
DAY 02	OUTPUT	▶ 약속 있어? 예약했는데…	020	___ / ___
DAY 03	INPUT	떡볶이 당기는 날	024	___ / ___
DAY 04	OUTPUT	▶ 나 '그날'이야 영어로?	028	___ / ___
DAY 05	INPUT	'원플러스원'은 영어일까?	032	___ / ___
DAY 06	OUTPUT	▶ 콩글리시로 우기는 영어쌤	036	___ / ___
DAY 07	INPUT	회사생활 현실편	040	___ / ___
DAY 08	OUTPUT	▶ '파이팅' 영어로? Cheer up 아님!	044	___ / ___
DAY 09	INPUT	가장 효과 있는 영어책은?	048	___ / ___
DAY 10	OUTPUT	▶ 이 책 하나면 됨!	052	___ / ___

2 일상 영어 Everyday English 2

책 순서		오늘의 한줌영어	페이지	학습일
DAY 11	INPUT	가성비 영어로?	058	___ / ___
DAY 12	OUTPUT	▶ '돈값한다' 영어로 표현 가능?	062	___ / ___
DAY 13	INPUT	술 냄새 나는 다이얼로그	066	___ / ___
DAY 14	OUTPUT	▶ 영어로 해장하기	070	___ / ___
DAY 15	INPUT	첫 잔은 원샷!	074	___ / ___
DAY 16	OUTPUT	▶ 술자리 필수 표현들	078	___ / ___

책 순서		오늘의 한줄영어	페이지	학습일
DAY 17	INPUT	투명 케이블카 챌린지	082	___ / ___
DAY 18	OUTPUT	▶ 90%가 틀리게 쓰는 단어 challenge	086	___ / ___
DAY 19	INPUT	사진빨 안 받아	090	___ / ___
DAY 20	OUTPUT	▶ 뷰가 미쳐서 사진에 안 담겨	094	___ / ___

3 여행 영어 Travel English

책 순서		오늘의 한줄영어	페이지	학습일
DAY 21	INPUT	입국심사	100	___ / ___
DAY 22	OUTPUT	▶ 이것만 알면 입국심사 프리패스~!	104	___ / ___
DAY 23	INPUT	호텔 체크인 & 업그레이드	108	___ / ___
DAY 24	OUTPUT	▶ 어머 이건 외우고 가야 돼	112	___ / ___
DAY 25	INPUT	프론트에 전화로 요청하기	116	___ / ___
DAY 26	OUTPUT	▶ 어메니티 달라고 왜 말을모태!	120	___ / ___
DAY 27	INPUT	룸서비스 주문하기	124	___ / ___
DAY 28	OUTPUT	▶ 호텔 영어, 근데 뻔한 그 표현들 말고	128	___ / ___
DAY 29	INPUT	쇼핑한 옷 반품하기	132	___ / ___
DAY 30	OUTPUT	▶ 영어로 사는 것도 어려운데 환불은…	136	___ / ___

4 카페 영어 Cafe English

책 순서		오늘의 한줄영어	페이지	학습일
DAY 31	INPUT	카페 먹방 다이얼로그	142	____ / ____
DAY 32	OUTPUT	▶ 맛있을 때 "Delicious" 그만!	146	____ / ____
DAY 33	INPUT	스벅의 인기 비결	150	____ / ____
DAY 34	OUTPUT	▶ 맛있어서 아님	154	____ / ____
DAY 35	INPUT	종이 빨대 논란	158	____ / ____
DAY 36	OUTPUT	▶ '눅눅해서 싫어' 영어로?	162	____ / ____
DAY 37	INPUT	카공의 진짜 이유	166	____ / ____
DAY 38	OUTPUT	▶ 저만 이래요…?	170	____ / ____
DAY 39	INPUT	카페 주문하기	174	____ / ____
DAY 40	OUTPUT	▶ '캔아이겟'으론 안 됨	178	____ / ____

5 식당 영어 English at the Restaurant

책 순서		오늘의 한줄영어	페이지	학습일
DAY 41	INPUT	식당 예약하기	184	____ / ____
DAY 42	OUTPUT	▶ 'party' 뜻, '파티'가 아니라고?	188	____ / ____
DAY 43	INPUT	생각보다 복잡한 식당 주문	192	____ / ____
DAY 44	OUTPUT	▶ 해외에서도 요구할 건 요구합시다!	196	____ / ____
DAY 45	INPUT	웨이터에게 문의하기	200	____ / ____
DAY 46	OUTPUT	▶ 식당 음식 안 나올 때 30분 대기 가능?	204	____ / ____

책 순서		오늘의 한줄영어	페이지	학습일
DAY 47	INPUT	식당에서 컴플레인하기	208	___ / ___
DAY 48	OUTPUT	▶ 미국 식당에서 생뚱맞은 음식이 나온다면?	212	___ / ___
DAY 49	INPUT	테이크아웃 vs 외식	216	___ / ___
DAY 50	OUTPUT	▶ 혼자 열띤 토론하는 영어쌤	220	___ / ___

6 연애 영어 Dating Conversations

책 순서		오늘의 한줄영어	페이지	학습일
DAY 51	INPUT	폰이 죽었다고?	226	___ / ___
DAY 52	OUTPUT	▶ '배터리 나갔어' 원어민은 ran out보다 이것!	230	___ / ___
DAY 53	INPUT	엉덩이 전화	234	___ / ___
DAY 54	OUTPUT	▶ '전화 잘못 걸었어' 영어로? "Wrong" 아님	238	___ / ___
DAY 55	INPUT	읽씹 안읽씹	242	___ / ___
DAY 56	OUTPUT	▶ 99%가 제대로 못한다는 영어 위로 표현	246	___ / ___
DAY 57	INPUT	맥주 한잔?	250	___ / ___
DAY 58	OUTPUT	▶ 원어민이 쿨한 척할 때 꼭 쓰는 표현ㅎㅎ	254	___ / ___
DAY 59	INPUT	고백	258	___ / ___
DAY 60	OUTPUT	▶ '고백하다' confess라고 하면 안 되는 경우	262	___ / ___

| 🔍 ZOOM IN | 찾아보기 | 266 | ___ / ___ |

- ▶ '약속'은 영어로?
- ▶ 떡볶이 당기는 날
- ▶ '원플러스원'은 영어일까?
- ▶ 회사생활 현실편
- ▶ 가장 효과 있는 영어책은?

일상 영어

Everyday English 1

1

DAY 01

'약속'은 영어로? → INPUT

▶ 관련영상: 약속 있어? 예약했는데…

INPUT 1   **귀 쫑긋 상황 파악**
대화를 듣고 두 사람이 어떤 말을 주고받고 있는지 파악해 보세요.   ○ 01-1.mp3

S: Hey, Jamie. 🔍 **You got any plans tonight?**

J: Uh-huh, 🔍 **I have an appointment at the hair salon.**

S: Umm... With full makeup on?

J: Of course, I'm pretty sure I'm not the only one. Every girl wants to look the prettiest at the hair salon.

S: Is that the only reason?

J: As far as I remember, yes.

S: 🔍 **You didn't forget about our reservation tonight, did you?** (...) Hey, promise me you won't be late!

귀 쫑긋 입 뻥긋

우리말을 보면서 영어 문장을 따라 해보세요.
(왼쪽 영어 문장을 보면서 따라 읽어도 좋습니다.)

▶ 01-2.mp3

S: 이야, 제이미. 오늘밤 약속 있나봐?

J: 응, 나 미용실 예약 있어.

S: 음… 미용실에 풀메이크업 하고 가?

J: 당연하지, 나만 이런 거 아닐 걸? 여자애들은 다들 미용실에서 제일 예뻐 보이고 싶어 하거든.

S: (풀메하는) 다른 이유는 없어?

J: 내 기억으로는 그런데.

S: 오늘밤 우리 (식당) 예약한 거 잊은 건 아니지? (…) 늦지 않겠다고 약속해!

📦 주요 표현 힌트 박스

(친구, 지인 등과 캐주얼한) 약속, 스케줄	plan
미용실	hair salon
(미용실) 예약	appointment
나만 이런 거 아닐 걸?	I'm pretty sure I'm not the only one.
내 기억으로는	as far as I remember
아니지?	(꼬리 질문 형식으로, 앞 문장의 동사 종류와 시제에 맞출 것) [부정문], + ┌ do you? 　　　　　├ did you? 　　　　　├ are you? 　　　　　└ were you?

INPUT 3

ZOOM IN 한줄영어
주요 표현과 문법을 공부하고, 추가 단어로 다양하게 응용해 보세요.

🔊 01-3.mp3

🔍 ZOOM IN 1. 일정(스케줄, 약속, 예약) 관련 표현들

- You got any plans tonight?
  오늘 약속 있나봐?

- I have an appointment at the hair salon.
  나 미용실 예약 있어.

- You didn't forget about our reservation tonight, did you?
  오늘밤 우리 (식당) 예약한 거 잊은 건 아니지?

✦ schedule이 영어 단어인 것은 맞지만, '**스케줄이 있다**'라고 말할 때에는 plan이라는 명사를 씁니다. 친구와 노는 약속일 때도 사용 가능합니다. schedule은 명사로는 '일정(표)' 자체를 일컫고, 동사로는 '일정을 잡다'라는 의미가 돼요. ✦ 반면에 '**예약**' 일정이 있는 경우에는 appointment나 reservation이라는 명사를 쓰는데요, 전자는 '전문가(사람)의 시간을 예약하는 느낌'(미용실, 네일샵, 병원, 변호사 등)이라면 후자는 '자리(장소)를 예약하는 느낌'(식당, 카페, 호텔 등)으로 사용됩니다.

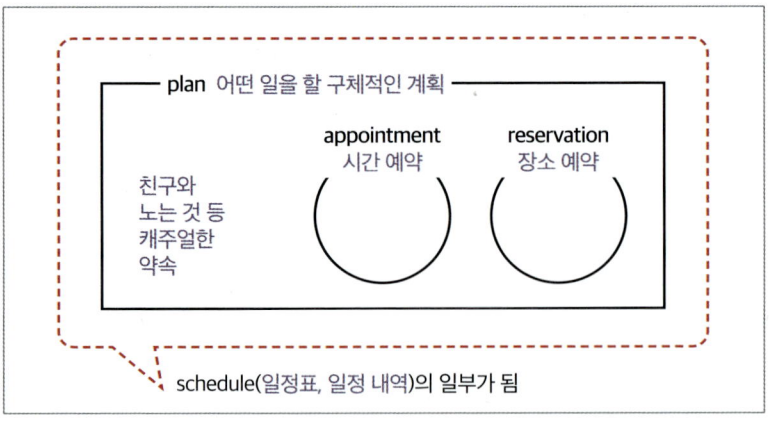

🔍 ZOOM IN 2. 꼬리 질문하기: 부가의문문

> You **didn't** forget about our reservation tonight , **did** you?
>
> [직역] 너는 오늘밤 우리의 (식당) 예약 잊지 않았어, 너 잊었니?
> [의역] 오늘밤 우리 (식당) 예약한 거 잊은 건 아니지?

✦ 부가의문문은 말 그대로, 평서문 뒤에 덧붙이는 의문문이에요. 보통 청자에게 재차 확인을 요청하기 위해 사용됩니다. 혹은 영상과 같이 약간의 의심을 나타낼 수 있어요.
✦ 이때 형태가 무조건 did you?인 것은 아니에요. 두가지 룰을 기억하세요. ❶ 앞 평서문의 동사 종류와 시제를 똑같이 쓴다(일반동사라면 do/did, be동사라면 해당 be동사 그대로). ❷ 앞 평서문이 부정문이라면 긍정으로, 긍정문이라면 부정으로 쓴다.
그럼 다음 예시를 통해 확실히 익혀보세요.

🗨 네모 바꿔 끼우기

You already **watched** that movie 너 이미 그 영화 봤어 [일반동사/과거/긍정]	**didn't** 맞지? [did/부정]	
You **didn't** attend the meeting 너 회의에 참석하지 않았어 [일반동사/과거/부정]	**did** 맞지? [did/긍정]	you?
You**'re** excited about the trip 넌 여행이 기대돼 [be동사/현재/긍정]	**aren't** 맞지? [be동사/현재/부정]	
You **were not** that harsh on him 너 그 남자한테 그렇게 심하게 굴지 않았어 [be동사/과거/부정]	**were** 맞지? [be동사/과거/긍정]	

DAY 02

'약속'은 영어로? ▶ OUTPUT

관련영상: 약속 있어? 예약했는데…

영상&음성

OUTPUT 1 — 단어 채워 말하기
대화를 잘 듣고 빈칸에 알맞은 단어를 쓰세요.   ▶ 02-1.mp3

S: Hey, Jamie. You got any _____ tonight?
이야, 제이미. 오늘밤 약속 있나봐?

J: Uh-huh, I have an _____ at the hair _____.
응, 나 미용실 예약 있어.

S: Umm... _____ full makeup _____?
음… 미용실에 풀메이크업 하고 가?

J: Of course, I'm pretty _____ I'm not the only one. Every girl wants to look the _____ at the hair salon.
당연하지, 나만 이런 거 아닐 걸? 여자애들은 다들 미용실에서 제일 예뻐 보이고 싶어 하거든.

S: Is that the _____ reason?
(풀메하는) 다른 이유는 없어? (그게 유일한 이유야?)

J: As _____ as I remember, yes.
내 기억으로는 그런데.

S: You didn't forget about our reservation tonight, _____ you? (…) Hey, promise me you _____ be late!
오늘밤 우리 (식당) 예약한 거 잊은 건 아니지? (…) 늦지 않겠다고 약속해!

구문 채워 말하기

대화를 잘 듣고 빈칸에 알맞은 구문을 쓰세요.

○ 02-2.mp3

S: Hey, Jamie. You got any plans tonight?
이야, 제이미. 오늘밤 약속 있나봐?

J: Uh-huh, I _____ at the hair salon.
응, 나 미용실 예약 있어.

S: Umm… With _____ on?
음… 미용실에 풀메이크업 하고 가?

J: Of course, I'm pretty sure _____.
Every girl _____ the prettiest at the hair salon.
당연하지, 나만 이런 거 아닐 걸? 여자애들은 다들 미용실에서 제일 예뻐 보이고 싶어 하거든.

S: Is that the only reason?
(풀메하는) 다른 이유는 없어?

J: As far as I remember, yes.
내 기억으로는 그런데.

S: You didn't _____ our reservation tonight, did you? (…) Hey, _____ you won't be late!
오늘밤 우리 (식당) 예약한 거 잊은 건 아니지? (…) 늦지 않겠다고 약속해!

문장 채워 말하기

대화를 잘 듣고 빈칸에 알맞은 문장을 쓰세요.

▶ 02-3.mp3

S: Hey, Jamie. You got any plans tonight?
이야, 제이미. 오늘밤 약속 있나봐?

J: Uh-huh, _____.
응, 나 미용실 예약 있어.

S: Umm… _____?
음… 미용실에 풀메이크업 하고 가?

J: Of course, _____.
Every girl wants to look the prettiest at the hair salon.
당연하지, 나만 이런 거 아닐 걸? 여자애들은 다들 미용실에서 제일 예뻐 보이고 싶어 하거든.

S: _____?
(풀메하는) 다른 이유는 없어?

J: _____.
내 기억으로는 그런데.

S: _____,
_____? (…) Hey, promise me you won't be late!
오늘밤 우리 (식당) 예약한 거 잊은 건 아니지? (…) 늦지 않겠다고 약속해!

3번 반복하고 내 것으로 만들기

OUTPUT 4

원어민과 똑같이 말하기
대화를 들으며 똑같이 따라 말해보세요. 녹음을 하면 더 좋습니다.

▶ 02-4.mp3

S: Hey, Jamie. You got any plans tonight?
이야, 제이미. 오늘밤 약속 있나봐?

J: Uh-huh, I have an appointment at the hair salon.
응, 나 미용실 예약 있어.

S: Umm... With full makeup on?
음… 미용실에 풀메이크업 하고 가?

J: Of course, I'm pretty sure I'm not the only one. Every girl wants to look the prettiest at the hair salon.
당연하지, 나만 이런 거 아닐 걸? 여자애들은 다들 미용실에서 제일 예뻐 보이고 싶어 하거든.

S: Is that the only reason?
(풀메하는) 다른 이유는 없어?

J: As far as I remember, yes.
내 기억으로는 그런데.

S: You didn't forget about our reservation tonight, did you? (...) Hey, promise me you won't be late!
오늘밤 우리 (식당) 예약한 거 잊은 건 아니지? (…) 늦지 않겠다고 약속해!

✓ **Self Checklist** 섀도잉하는 내 목소리를 녹음한 후, 녹음본을 들으며 평가해 보세요.

회차별로 평가하기 (A~D로)	1st	2nd	3rd
최대한 똑같은 속도로 따라 했다.			
최대한 정확한 발음과 강세로 따라 했다.			
INPUT에서 공부했던 내용이 기억난다.			

DAY 03

떡볶이 당기는 날 → INPUT

▶ 관련영상: 나 '그날'이야 영어로?

INPUT 1 귀 쫑긋 상황 파악
대화를 듣고 두 사람이 어떤 말을 주고받고 있는지 파악해 보세요.   ▶ 03-1.mp3

(just two minutes to lunch)

J: Hey, Bailey. Get ready. Two minutes left.

B: Oh, yep! I'm so ready. I skipped breakfast this morning, and I'm starving now.

J: 🔍 I had cereal, but I'm hungry too. What should we get?

B: I'm kinda craving 떡볶이. 🔍 You know, it's that time of the month.

J: 🔍 I'm down! I crave 떡볶이 every single day.

INPUT 2 — 귀 쫑긋 입 뻥긋

우리말을 보면서 영어 문장을 따라 해보세요.
(왼쪽 영어 문장을 보면서 따라 읽어도 좋습니다.)

▶ 03-2.mp3

(점심시간을 2분 앞두고)

J: 베일리, 준비해. (점심시간 시작) 2분 남았다.

B: 아, 응응! 나 완전 준비됐어(빨리 가고 싶어). 아침 걸렀더니 넘 배고파.

J: 시리얼 먹긴 했는데 나도 배고파. 뭐 (사)먹지?

B: 나 떡볶이 좀 당기네. 있지, 나 '그날'이거든.

J: 콜! 난 떡볶이 맨날 맨날 땡겨.

📦 주요 표현 힌트 박스

(식사를) 건너뛰다	skip
(굶은 것처럼) 너무 배가 고픈	starving
(사)먹다	get (집에서 요리하지 않고 사먹는 경우에 사용)
당기다	crave
'그날'	that time of the month (직역: 이번 달 그 시기 / 의역: 생리 중임을 간접적으로 말하는 표현)
콜!	I'm down!
맨날 맨날	every single day (every day를 강조)

INPUT 3 · ZOOM IN 한줌영어

주요 표현과 문법을 공부하고, 추가 단어로 다양하게 응용해 보세요. ▶ 03-3.mp3

🔍 ZOOM IN 1. '먹다'를 표현하는 다양한 동사들

> I **had** cereal, but I'm hungry too. What should we **get**?
> 시리얼 먹긴 했는데 나도 배고파. 뭐 (사)먹지?

◆ '먹다'를 표현하려고 하면 동사 eat이 가장 먼저 생각날 거예요. 하지만 일상 회화에서는 have, get, grab 같은 동사들도 자주 쓰입니다. 각각의 뉘앙스를 살펴볼게요.

have	get	grab
'먹다'로 가장 일반적이고 폭넓게 쓰이는 표현	'사먹다' 혹은 '무언가를 먹으러 가다'로 자주 사용되는 표현	'간단히 먹다', '가볍게 먹다' 정도의 느낌을 주는 표현
I **had** breakfast, but I'm still hungry. 아침 먹었는데, 아직 배고파.	Should we **get** pizza for dinner? 저녁으로 피자 먹을까?	Let's **grab** something before the meeting. 회의 전에 간단히 뭐 좀 먹자.

🔍 ZOOM IN 2. 생리(월경) 관련 표현들

> You know, **it's that time of the month**.
> 있지, 나 '그날'이거든.

◆ '생리 중이다'라고 표현을 할 때, '이번 달(the month)의 그 시기(that time)다'라는 식으로 말을 할 수 있어요. 네모 부분을 바꿔 끼워 말해보면서 생리 관련 다른 표현들도 공부해 볼게요.

🔍 네모 바꿔 끼우기

You know, 있지,	**I've been experiencing PMS** lately. 요새 생리 전 증후군을 겪고 있어.
	I'm feeling fatigued; **my period is approaching**. 너무 피로해. 곧 생리하거든.
	my period just started. I'm afraid I have to cancel our plans. 막 생리가 터졌어. 미안한데 우리 약속 취소해야 할 것 같아.
	I need to take it easy; **I'm on my period**. 좀 쉬엄쉬엄 해야 해. 생리 중이거든.
	I have major cramps. 나 생리통이 너무 심해.

🔎 ZOOM IN 3. 제안에 '콜!'이라고 답하기

> I'm down! I crave 떡볶이 every single day.
> 콜! 난 떡볶이 맨날 맨날 땡겨.

✦ I'm down!은 특정한 제안이나 활동에 대해 긍정적으로 반응할 때 사용하는 표현이에요. 보통은 편한 분위기에서 많이 사용되며, 해당 제안에 대한 흥미와 기대감이 드러납니다. 뒤에 for it을 붙여서 I'm down for it!이라고 해도 좋습니다. 여기서 재밌는 사실은, down 대신 up을 써도 된다는 거예요.

🔍 네모 바꿔 끼우기

I'm down!	
I'm down for it!	I crave 떡볶이 every single day.
I'm up for it!	

027

DAY 04

떡볶이 당기는 날 ▶ OUTPUT

▶ 관련영상: 나 '그날'이야 영어로?

OUTPUT 1 — 단어 채워 말하기 🎧
대화를 잘 듣고 빈칸에 알맞은 단어를 쓰세요. ● 04-1.mp3

(just two minutes to lunch)
(점심시간을 2분 앞두고)

J: Hey, Bailey. _____ ready. Two minutes _____.
베일리, 준비해. (점심시간 시작) 2분 남았다.

B: Oh, yep! I'm _____ ready. I _____ breakfast this morning, and I'm _____ now.
야, 응응! 나 완전 준비됐어(빨리 가고 싶어). 아침 걸렀더니 넘 배고파.

J: I had cereal, but I'm hungry too. What should we _____?
시리얼 먹긴 했는데 나도 배고파. 뭐 (사)먹지?

B: I'm _____ craving 떡볶이. You know, it's _____ time of the month.
나 떡볶이 좀 당기네. 있지, 나 '그날'이거든.

J: I'm _____! I crave 떡볶이 every _____ day.
콜! 난 떡볶이 맨날 맨날 땡겨.

구문 채워 말하기

대화를 잘 듣고 빈칸에 알맞은 구문을 쓰세요.

○ 04-2.mp3

(just two minutes to lunch)
(점심시간을 2분 앞두고)

J: Hey, Bailey. Get ready. _____.
베일리, 준비해. (점심시간 시작) 2분 남았다.

B: Oh, yep! I'm so ready. I _____
_____, and I'm starving now.
아, 응응! 나 완전 준비됐어(빨리 가고 싶어). (오늘 아침에) 아침 걸렀더니 넘 배고파.

J: I had cereal, but I'm hungry too. What should we get?
시리얼 먹긴 했는데 나도 배고파. 뭐 (사)먹지?

B: I'm kinda craving 떡볶이. _____, it's that time of the month.
나 떡볶이 좀 당기네. 있지, 나 '그날'이거든.

J: I'm down! I crave 떡볶이 _____.
콜! 난 떡볶이 맨날 맨날 땡겨.

문장 채워 말하기

대화를 잘 듣고 빈칸에 알맞은 문장을 쓰세요.

04-3.mp3

(just two minutes to lunch)
(점심시간을 2분 앞두고)

J: Hey, Bailey. Get ready. Two minutes left.
베일리, 준비해. (점심시간 시작) 2분 남았다.

B: Oh, yep! _____. _____
_____, and _____.
아, 응응! 나 완전 준비됐어(빨리 가고 싶어). 아침 걸렀더니 (지금) 넘 배고파.

J: _____, _____.
_____?
시리얼 먹긴 했는데 나도 배고파. 뭐 (사)먹지?

B: _____. _____, _____
_____.
나 떡볶이 좀 당기네. 있지, 나 '그날'이거든.

J: _____! I crave 떡볶이 every single day.
콜! 난 떡볶이 맨날 맨날 땡겨.

원어민과 똑같이 말하기

대화를 들으며 똑같이 따라 말해보세요. 녹음을 하면 더 좋습니다.

▶ 04-4.mp3

(just two minutes to lunch)
(점심시간을 2분 앞두고)

J: Hey, Bailey. Get ready. Two minutes left.
베일리, 준비해. (점심시간 시작) 2분 남았다.

B: Oh, yep! I'm so ready. I skipped breakfast this morning, and I'm starving now.
아, 응응! 나 완전 준비됐어(빨리 가고 싶어). 아침 걸렀더니 넘 배고파.

J: I had cereal, but I'm hungry too. What should we get?
시리얼 먹긴 했는데 나도 배고파. 뭐 (사)먹지?

B: I'm kinda craving 떡볶이. You know, it's that time of the month.
나 떡볶이 좀 당기네. 있지, 나 '그날'이거든.

J: I'm down! I crave 떡볶이 every single day.
콜! 난 떡볶이 맨날 맨날 땡겨.

✓ **Self Checklist** 섀도잉하는 내 목소리를 녹음한 후, 녹음본을 들으며 평가해 보세요.

회차별로 평가하기 (A~D로)	1st	2nd	3rd
최대한 똑같은 속도로 따라 했다.			
최대한 정확한 발음과 강세로 따라 했다.			
INPUT에서 공부했던 내용이 기억난다.			

DAY 05

'원플러스원'은 영어일까?

▶ 관련영상: 콩글리시로 우기는 영이쌤

INPUT 1 — 귀 쫑긋 상황 파악

대화를 듣고 두 사람이 어떤 말을 주고받고 있는지 파악해 보세요.

🔊 05-1.mp3

J: Hey, why did you get two? (…) Why did you get two?!

S: Oh, it's buy one get one free.

J: 🔍 Oh, one plus one?

S: 🔍 No, buy one get one free!

J: 🔍 Yeah, in English, it's "buy one get one free," but "one plus one" makes more sense. They gotta change it.

S: Well, they both make sense.

J: Yeah, okay.

S: Alright, enjoy your coke.

J: Let me have a sip.

INPUT 2 귀 쫑긋 입 뻥긋

우리말을 보면서 영어 문장을 따라 해보세요.
(왼쪽 영어 문장을 보면서 따라 읽어도 좋습니다.)

▶ 05-2.mp3

J: 왜 두 개 샀어? (…) 왜 두 개 샀냐니까?!

S: 아, BOGO야.

J: 아, 원쁠원?

S: 아니, BOGO라니깐!

J: 그치, 영어로는 'BOGO'이긴 한데, '원쁠원'이 더 말이 돼. 영어가 바뀌어야 해.

S: 음, 둘 다 말이 되긴 하지.

J: 응, 그래.

S: 그래, 코카콜라 맛있게 드시기나 하셔.

J: 한 모금 마셔보자.

📦 주요 표현 힌트 박스

사다	get (buy 대신 회화에서 많이 써요.)
원쁠원 (원 플러스 원)	buy one get one free (= BOGO)
말이 되다	make sense
A 맛있게 드세요.	Enjoy your A.
한 모금 마시다	have a sip

INPUT 3   ZOOM IN 한줌영어
주요 표현과 문법을 공부하고, 추가 단어로 다양하게 응용해 보세요.   ▶ 05-3.mp3

🔍 ZOOM IN   1. 콩글리시

> J: Oh, one plus one ?
> 아, 원쁠원?
>
> S: No, buy one get one free !
> 아니, BOGO라니깐!

◆ 편의점에서 초코우유 하나를 사면 하나를 더 받는 이벤트를 우리는 '**원 플러스 원**'이라고 부릅니다. 영어 단어(one, plus)로 이루어져 있어서 영어 표현처럼 느껴지지만, 사실 한국에서만 주로 쓰는 표현이랍니다. 대신 영어로는 '하나 사고 하나를 무료로 받으세요'라는 의미로 buy one get one free라고 해요. 앞 글자를 따서 BOGO라고 하기도 한답니다(스타벅스 1+1 쿠폰이 'BOGO쿠폰'인 이유!). 아래 표를 보고, 영어 같지만 콩글리시인 단어들을 더 익혀보세요.

표현	Konglish	English
원플러스원	O	**buy one get one free**
콜라	X	**cola** - 콜라를 의미하는 보통명사입니다.
		coke - 콜라를 의미하는 보통명사로도 쓰지만, 특정 브랜드 '코카콜라'에 주로 사용해요. 심지어 coke를 주문했을 때 '코카콜라'가 없으면 "We don't have Coke, but would you like Pepsi instead?"라고 묻는 경우도 흔합니다.
		pepsi - '펩시콜라'는 pepsi라고 부르는 것이 안전해요.
서비스	△	**service** - (판매한 물품에 대한) 서비스를 일컫는 말은 콩글리시가 아녜요. 대신 customer service라는 표현을 더 자주 쓰죠.
		on the house, complimentary - 식당, 카페에서 덤으로 얹어주는 '서비스'는 콩글리시입니다. It's service.가 아닌 It's on the house. 혹은 It's complimentary.라고 말해요.
가스레인지	O	**gas stove**

린스	O	**conditioner** - rinse는 '헹구다'라는 의미의 동사예요.
핸드폰	O	**cell phone, mobile phone**
SNS	O	**social media**

🔍 ZOOM IN 2. 일반인 주어 they

> Yeah, in English, it's "buy one get one free," but "one plus one" makes more sense. They gotta change it.
> 그치, 영어로는 'BOGO'이긴 한데, '원쁠원'이 더 말이 돼. 영어가 바뀌어야 해.

✦ 우리는 they를 '그들'이라고 공부했는데, 실상 회화에서는 '일반적인 사람들'을 지칭하는 일반인 주어로 많이 사용돼요. ❶ 일반적인 **사람들**을 지칭할 때, ❷ 대화 맥락에서 드러난 **단체**(기관, 사업체(식당, 카페 포함), 심지어 한 국가나 문화권의 사람들)를 통째로 지칭할 때 주어 they를 씁니다. 그래서 위 대사 They gotta change it.의 They도 '영어를 사용하는 사람들' 혹은 '영어 규칙을 정하는 그 누군가'를 지칭하는 것이죠.

They say beans are a good source of protein.	콩이 단백질의 좋은 공급원이래.
I have to go to H Mart. What time do **they** close?	H마트 가야 해. 몇 시에 닫지?
Have you tried the new restaurant? **Their** pasta is really worth it.	새로 생긴 식당 가봤어? 거기 파스타 진짜 제값 해.

▶ 일반인 주어에 대해 더 자세히 공부하고 싶다면?

DAY 06
'원플러스원'은 영어일까? ▶ OUTPUT

▶ 관련영상: 콩글리시로 우기는 영어쌤

OUTPUT 1 — 단어 채워 말하기
대화를 잘 듣고 빈칸에 알맞은 단어를 쓰세요.   ▶ 06-1.mp3

J: Hey, why did you _____ two? (…) Why did you _____ two?!
왜 두 개 샀어? (…) 왜 두 개 샀냐니까?!

S: Oh, it's buy one _____ one free.
아, BOGO(한 개 사면 한 개는 공짜로 받는 거)야.

J: Oh, one plus one? 아, 원쁠원?

S: No, buy _____ get one free!
아니, BOGO(한 개 사면 한 개는 공짜)라니깐!

J: Yeah, _____ English, it's "buy one get one free," but "one plus one" makes _____ sense. They gotta _____ it.
그치, 영어로는 'BOGO'이긴 한데, '원쁠원'이 더 말이 돼. 영어가 바뀌어야 해.

S: Well, they _____ make sense.
음, 둘 다 말이 되긴 하지.

J: Yeah, okay. 응, 그래.

S: Alright, enjoy your _____.
그래, 코카콜라 맛있게 드시기나 하셔.

J: Let me have a _____.
한 모금 마셔보자.

OUTPUT 2 — **구문 채워 말하기** 🔊
대화를 잘 듣고 빈칸에 알맞은 구문을 쓰세요.   ● 06-2.mp3

J: Hey, why did you get two? (...) Why did you get two?!
왜 두 개 샀어? (…) 왜 두 개 샀냐니까?!

S: Oh, it's _____.
아, BOGO야.

J: Oh, one plus one?
아, 원쁠원?

S: No, _____!
아니, BOGO라니깐!

J: Yeah, in English, it's "_____,"
but "one plus one" _____. They gotta change it.
그치, 영어로는 'BOGO'이긴 한데, '원쁠원'이 더 말이 돼. 영어가 바뀌어야 해.

S: Well, they both make sense.
음, 둘 다 말이 되긴 하지.

J: Yeah, okay.
응, 그래.

S: Alright, enjoy your coke.
그래, 코카콜라 맛있게 드시기나 하셔.

J: Let me _____.
한 모금 마셔보자.

문장 채워 말하기

대화를 잘 듣고 빈칸에 알맞은 문장을 쓰세요.

▶ 06-3.mp3

J: Hey, why did you get two? (…) Why did you get two?!
왜 두 개 샀어? (…) 왜 두 개 샀냐니까?!

S: Oh, it's buy one get one free.
아, BOGO야.

J: Oh, one plus one?
아, 원쁠원?

S: No, buy one get one free!
아니, BOGO라니깐.

J: Yeah, _____, _____, _____ . _____ .
그치, 영어로는 'BOGO'이긴 한데, '원쁠원'이 더 말이 돼. 영어가 바뀌어야 해.

S: _____, _____ .
음, 둘 다 말이 되긴 하지.

J: Yeah, okay.
응, 그래.

S: Alright, _____ .
그래, 코카콜라 맛있게 드시기나 하셔.

J: _____ .
한 모금 마셔보자.

OUTPUT 4 — 원어민과 똑같이 말하기

대화를 들으며 똑같이 따라 말해보세요. 녹음을 하면 더 좋습니다.

▶ 06-4.mp3

J: Hey, why did you get two? (…) Why did you get two?!
왜 두 개 샀어? (…) 왜 두 개 샀냐니까?!

S: Oh, it's buy one get one free.
아, BOGO야.

J: Oh, one plus one?
아, 원쁠원?

S: No, buy one get one free!
아니, BOGO라니깐!

J: Yeah, in English, it's "buy one get one free," but "one plus one" makes more sense. They gotta change it.
그치, 영어로는 'BOGO'이지! 한데, '원쁠원'이 더 말이 돼. 영어가 바뀌어야 해.

S: Well, they both make sense.
음, 둘 다 말이 되긴 하지.

J: Yeah, okay.
응, 그래.

S: Alright, enjoy your coke.
그래, 코카콜라 맛있게 드시기나 하셔.

J: Let me have a sip.
한 모금 마셔보자.

✓ **Self Checklist** 섀도잉하는 내 목소리를 녹음한 후, 녹음본을 들으며 평가해 보세요.

회차별로 평가하기 (A~D로)	1st	2nd	3rd
최대한 똑같은 속도로 따라 했다.			
최대한 정확한 발음과 강세로 따라 했다.			
INPUT에서 공부했던 내용이 기억난다.			

DAY 07

회사생활 현실편 → INPUT

▶ 관련영상: '파이팅' 영어로? Cheer up 아님!

→ INPUT 1   귀 쫑긋 상황 파악
대화를 듣고 두 사람이 어떤 말을 주고받고 있는지 파악해 보세요.   ● 07-1.mp3

J: Wow, Bailey. Wasn't the 떡볶이 amazing?

B: 100%! It was so good. And I'm already in a food coma.

J: Oh, you should go to the lounge and take a quick nap.

B: Yeah, that's a great idea! You know, I'm gonna crash. Wanna join me?

J: I would love to, but I have a presentation tomorrow and you know what, I have to present in front of the whole board. 🔍 **Gotta work my ass off.** I don't think I'll be off work on time today. I'm definitely working overtime.

B: Aww, poor you. 🔍 **But you got this! You'll do great. You know they always love your presentations.**

INPUT 2 — 귀 쫑긋 입 뻥긋

우리말을 보면서 영어 문장을 따라 해보세요.
(왼쪽 영어 문장을 보면서 따라 읽어도 좋습니다.)

▶ 07-2.mp3

J: 와, 베일리, 떡볶이 대박이었지?

B: 완전 공감! 완전 맛있었어. 게다가 지금 벌써 식곤증 시작됐다.

J: 아, 휴게실 가서 눈 좀 붙여.

B: 오, 완전 좋은 생각이야! 나 완전 뻗을 듯(기절 각!). 같이 갈래?

J: 완전 가고 싶긴 한데, 내일 프레젠테이션 있는데, 있지, 임원진 전체 앞에서 발표해야 하거든. 일 빡세게 해야 해. 오늘 정시 퇴근은 글렀어. 백퍼 야근 각이다.

J: 에고, 안됐다. 근데 할 수 있어! 잘할 거야. 너 피티 항상 반응 좋잖아.

📦 주요 표현 힌트 박스

완전 공감!	100%! (One hundred percent!)
식곤증	a food coma
눈 좀 붙이다	take a quick nap (짧은 낮잠을 잘 때 사용)
뻗다 (피로로 잠들다)	crash (구어체)
같이 갈래/할래?	Wanna join me?
있지, 있잖아	you know what
임원진	the board
일 빡세게 해야 해.	Gotta work my ass off. (구어체)
퇴근하다	be off work
제시간에	on time
야근하다	work overtime
안됐다	poor [누구]

ZOOM IN 한줌영어

INPUT 3 — 주요 표현과 문법을 공부하고, 추가 단어로 다양하게 응용해 보세요. ▶ 07-3.mp3

🔍 ZOOM IN 1. 회사생활 필수 영어표현

회사생활의 꽃은 점심시간이 아닐까요? 이번 다이얼로그는 점심시간 후 실제로 할 만한 말들을 중심으로 짜여졌어요. 그리고 많은 공이 들어가는 피티, 그로 인한 야근 등도 회사생활 중 많은 부분을 차지하기 때문에 그와 관련한 표현들도 함께 정리해 보았습니다.

휴식(rest)	업무(work)
I'm in a food coma. 나 식곤증 있어.	Gotta work my ass off. 빡세게 일해야 돼.
I'm gonna take a quick nap. 잠깐 눈 좀 붙일게.	I don't think I'll be off work on time. 정시 퇴근 못할 것 같아.
I'm gonna crash. 완전 기절 각이야.	I'm definitely working overtime. 백퍼 야근 각이야.

🔍 ZOOM IN 2. 엉덩이가 빠지도록 '빡세게'

> Gotta work my ass off.
>
> 일 빡세게 해야 해.

✦ **I gotta V**는 인포멀한 회화체 표현으로, 친한 사이에서 '~해야 한다'고 말할 때 사용하며, 주어 I를 빼고 말하기도 합니다. ✦ **work my ass off**는 엄청 열심히 일한다는 의미로, 소위 '빡세게' 집중적으로 일을 해야 할 때 사용하는 표현이에요. 여기서 ass는 엉덩이를 뜻하는 명사, off는 빠지거나 없어지는 느낌을 내는 부사여서 조금 거친 표현이긴 하지만, 친구들끼리나 친한 사람들 사이에서는 자주 사용돼요. 여기서 work 대신 다른 동사를 넣어 다양한 상황에서도 비슷한 의미로 쓸 수 있답니다.

🗨 네모 바꿔 끼우기

Gotta	exercise 빡세게 운동해야 돼.	my ass off.
	study 빡세게 공부해야 돼.	
	run 빡세게 달려가야 해.	

🔍 ZOOM IN 3. 상대에게 자신감 심어주기

> But you got this! You'll do great. You know they always love your presentations.
>
> 근데 할 수 있어! 잘할 거야. 너 피티 항상 반응 좋잖아.

✧ 상대방에게 힘을 북돋아주고 자신감을 심어주는 표현들을 볼게요. **You got this!** 는 상대방이 직면한 도전이나 과제를 잘해낼 수 있을 거라는 확신을 보여줄 때 많이 사용됩니다. 특히 이 표현은 화자의 신뢰를 담고 있어요. **You'll do great.** 도 비슷한 의미를 가지며, 말그대로 '넌 잘할 거야.'라는 표현입니다. 뒤에 나오는 '상대가 슬퍼할 때 위로하기(p.245 Zoom In 3)' 표현과 비교해서 보면 느낌 차이가 느껴질 거예요.

🗨 네모 바꿔 끼우기

I believe in you.	난 널 (잘할 거라고, 잘될 거라고) 믿어.
you're gonna crush it.	넌 완전 잘할 거야! (여기서 crush는 원래 '부수다'는 의미)

DAY 08

회사생활 현실편 ▶ OUTPUT

▶ 관련영상: '파이팅' 영어로? Cheer up 아님!

OUTPUT 1 — 단어 채워 말하기

대화를 잘 듣고 빈칸에 알맞은 단어를 쓰세요.

▶ 08-1.mp3

J: Wow, Bailey. _____ the 떡볶이 amazing?
와, 베일리, 떡볶이 대박이었지(대박 아녔어)?

B: 100%! It was so good. And I'm already in a food _____.
완전 공감! 완전 맛있었어. 게다가 지금 벌써 식곤증 시작됐다.

J: Oh, you _____ go to the lounge and take a _____ nap.
아, 휴게실 가서 눈 좀 붙여.

B: Yeah, that's a great idea! You know, I'm gonna _____. _____ join me?
오, 완전 좋은 생각이야! 나 완전 뻗을 듯(기절 각!). 같이 갈래?

J: I would love to, but I have a presentation tomorrow and you know what, I have to present in front of the whole _____. Gotta work my ass _____. I don't think I'll be off work on time today. I'm definitely working _____.
완전 가고 싶긴 한데, 내일 프레젠테이션 있는데, 있지, 임원진 전체 앞에서 발표해야 하거든. 일 빡세게(엉덩이 빠지게) 해야 해. 오늘 정시 퇴근은 글렀어. 백퍼 야근 각이다.

B: Aww, _____ you. But you _____ this! You'll do great. You know they always love your presentations.
에고, 안됐다. 근데 할 수 있어! 잘할 거야. 너 피티 항상 반응 좋잖아.

구문 채워 말하기

대화를 잘 듣고 빈칸에 알맞은 구문을 쓰세요.

▶ 08-2.mp3

J: Wow, Bailey. Wasn't the 떡볶이 amazing?
와, 베일리, 떡볶이 대박이었지?

B: 100%! It was _____. And I'm already in a food coma.
완전 공감! 완전 맛있었어. 게다가 지금 벌써 식곤증 시작됐다.

J: Oh, you should _____ and take a quick nap.
아, 휴게실 가서 눈 좀 붙여.

B: Yeah, that's _____! You know, I'm gonna crash. Wanna join me?
오, 완전 좋은 생각이야! 나 완전 뻗을 듯(기절 각!). 같이 갈래?

J: I _____, but I have a presentation tomorrow and you know what, I have to present in front of the whole board. Gotta work my ass off. I don't think _____ on time today. I'm definitely working overtime.
완전 가고 싶긴 한데, 내일 프레젠테이션 있는데, 있지, 임원진 전체 앞에서 발표해야 하거든. 일 빡세게 해야 해. 오늘 정시 퇴근은 글렀어(오늘 정시에 퇴근 못 할 거 같아). 빼박 야근 각이다.

B: Aww, poor you. But you got this! You'll _____. You know they always love your presentations.
에고, 안됐다. 근데 할 수 있어! 잘할 거야. 너 피티 항상 반응 좋잖아.

문장 채워 말하기

대화를 잘 듣고 빈칸에 알맞은 문장을 쓰세요.

08-3.mp3

J: Wow, Bailey. _____?
와, 베일리, 떡볶이 대박이었지?

B: 100%! It was so good. And _____ _____.
완전 공감! 완전 맛있었어. 게다가 지금 벌써 식곤증 시작됐다.

J: Oh, _____ _____.
아, 휴게실 가서 눈 좀 붙여.

B: Yeah, that's a great idea! You know, I'm gonna crash. Wanna join me?
오, 완전 좋은 생각이야! 나 완전 뻗을 듯(기절 각!). 같이 갈래?

J: _____, _____ _____ and you know what, I have to present in front of the whole board. _____. _____ _____.
완전 가고 싶긴 한데, 내일 프레젠테이션 있는데, 있지, 임원진 전체 앞에서 발표해야 하거든. 일 빡세게 해야 해. 오늘 정시 퇴근은 글렀어. 백퍼 야근 각이다.

B: Aww, poor you. But you got this! You'll do great. You know they always love your presentations.
에고, 안됐다. 근데 할 수 있어! 잘할 거야. 너 피티 항상 반응 좋잖아.

원어민과 똑같이 말하기

대화를 들으며 똑같이 따라 말해보세요. 녹음을 하면 더 좋습니다. ▶ 08-4.mp3

J: Wow, Bailey. Wasn't the 떡볶이 amazing?
와, 베일리. 떡볶이 대박이었지?

B: 100%! It was so good. And I'm already in a food coma.
완전 공감! 완전 맛있었어. 게다가 지금 벌써 식곤증 시작됐다.

J: Oh, you should go to the lounge and take a quick nap.
아, 휴게실 가서 눈 좀 붙여.

B: Yeah, that's a great idea! You know, I'm gonna crash. Wanna join me?
오, 완전 좋은 생각이야! 나 완전 뻗을 듯(기절 각!). 같이 갈래?

J: I would love to, but I have a presentation tomorrow and you know what, I have to present in front of the whole board. Gotta work my ass off. I don't think I'll be off work on time today. I'm definitely working overtime.
완전 가고 싶긴 한데, 내일 프레젠테이션 있는데, 있지, 임원진 전체 앞에서 발표해야 하거든. 일 빡세게 해야 해. 오늘 정시 퇴근은 글렀어. 백퍼 야근 각이다.

B: Aww, poor you. But you got this! You'll do great. You know they always love your presentations.
에고, 안됐다. 근데 할 수 있어! 잘할 거야. 너 피티 항상 반응 좋잖아.

✓ **Self Checklist** 섀도잉하는 내 목소리를 녹음한 후, 녹음본을 들으며 평가해 보세요.

회차별로 평가하기 (A~D로)	1st	2nd	3rd
최대한 똑같은 속도로 따라 했다.			
최대한 정확한 발음과 강세로 따라 했다.			
INPUT에서 공부했던 내용이 기억난다.			

DAY 09

가장 효과 있는 영어책은?

▶ 관련영상: 이 책 하나면 됨!

INPUT 1 | 귀 쫑긋 상황 파악

대화를 듣고 두 사람이 어떤 말을 주고받고 있는지 파악해 보세요.

▶ 09-1.mp3

S: What are you doing, Jamie?

J: Uh, I'm looking at some English books.

S: 🔍 Which one do you think is the best?

J: 🔍 Well, you really gotta come to the bookstore and pick what you like. And then, the most important thing is consistency. And you have to stick to it after you choose one. So 🔍 you can't be going around all those different books and then think like: "Oh, is this better, is this better?" Just pick one that you like, and then you gotta go through it until you finish it.

귀 쫑긋 입 뻥긋

INPUT 2

우리말을 보면서 영어 문장을 따라 해보세요.
(왼쪽 영어 문장을 보면서 따라 읽어도 좋습니다.)

▶ 09-2.mp3

S: 제이미 뭐 해?

J: 어, 영어책들 좀 보고 있어.

S: 어느 교재가 가장 좋은 것 같아?

J: 음, 진짜 서점에 와서 내가 맘에 드는 것을 골라야 해. 그러고 나서 가장 중요한 건 꾸준함이고. 하나를 고르면 딱 그것에 집중해야 돼. 그러니까 이 책 저 책 막 기웃기웃거리면서 이렇게 생각하지 말아야겠지. "아, 이게 더 좋은가? 이게 더 좋은가?" 그냥 맘에 드는 걸 하나 골라서, 끝낼 때까지 힘들더라도 쭉 봐야 돼.

📦 주요 표현 힌트 박스

본인이 맘에 드는 것	what you like / one that you like
고르다	pick
꾸준함	consistency
~를 포기하지 않고 끝까지 하다 (딱 ~에 집중하다)	stick to ~
여기저기 다른 [무엇]을 기웃거리다	go around all those different [무엇]s
~를 끝낼 때까지	until you finish ~
힘들더라도 끝까지 쭉 보다	go through

ZOOM IN 한줌영어
주요 표현과 문법을 공부하고, 추가 단어로 다양하게 응용해 보세요. ▶ 09-3.mp3

🔍 ZOOM IN 1. 상대의 의견 묻기

> Which one do you think is the best ?
> 어느 것이 가장 좋은 것 같아?

◆ Which one do you think is the best?에서 think → is로 연결되는 부분이 부자연스럽게 느껴질 수 있는데요, 문장 구조에 이유가 숨어 있습니다. Which one (do you think) is the best?와 같이 do you think 구문이 의문문 중간에 삽입된 문장이에요. 이렇게 하면 그냥 일반적인 질문에서 '상대의 의견'을 묻는 질문으로 바뀌어요. do you think가 없는 것과 비교했을 때 하늘과 땅 차이로 자연스러워집니다.

💬 네모 바꿔 끼우기

What	do you think	we should get? 뭐 사먹는 게 좋을까?
Where		she went? 그 애 어디 간 것 같아?
Which cafe		is open now? 지금 어느 카페가 열려 있을까?

🔍 ZOOM IN 2. 일반인 주어 you

> Well, you really gotta come to the bookstore and pick what you like.
> 음, 진짜 서점에 와서 내가 맘에 드는 것을 골라야 해.

◆ 일반인 주어 they가 생각나시나요? 꼭 '그들'이 아니더라도 일반적인 군중 혹은 특정 집단을 지칭할 때 they를 주어로 썼었는데요(p.35 Zoom In 2 참조). you도 비슷합니다. 제이미가 you라고 하지만 대화 상대인 스티브만을 꼬집어서 칭하는 것이 아니었어

요. (스티브는 이미 서점에 같이 있는데도 '진짜 서점에 와야 한다'고 말하는 것에서 알 수 있죠?) 이처럼 **일반인 주어 you**는 특정 개인을 가리키지 않고, 보통은 **상대방도 포함한 일반적인 사람들**을 대상으로 특히 조언을 하거나 정보를 전달할 때 많이 사용합니다.

You can't expect to improve overnight; it takes time.	하룻밤 사이에 (실력이) 향상될 거라고 기대하면 안 돼. 시간이 필요해.
You should always check the weather before going on a picnic.	소풍 가기 전에는 항상 날씨를 확인해야 해.

▶ 일반인 **주어**에 대해 더 자세히 공부하고 싶다면?

ZOOM IN 3. 하나에 집중하라고 말하기

You can't be going around all those different books.

이 책 저 책 막 기웃거리지 마. (그러지 말고 하나를 정하라는 의미)

✦ 누군가가 무언가를 선택하거나 결정할 때, 여러 가지 선택지나 장소, 옵션 등을 계속 고민하며 왔다갔다하면 **'하나에 집중해라'**라고 조언해주고 싶을 때가 많죠? 그럴 때 유용하게 쓸 만한 표현입니다. (그런 의미에서 《한줌영어》를 택해주신 여러분, 끝까지 완주해 봅시다!)

네모 바꿔 끼우기

You can't be going around all those different	options. 이 선택지 저 선택지 기웃거리지 마.
	classes. 이 수업 저 수업 기웃거리지 마.

DAY 10
가장 효과 있는 영어책은? ▶ OUTPUT

관련영상: 이 책 하나면 됨!

OUTPUT 1
단어 채워 말하기
대화를 잘 듣고 빈칸에 알맞은 단어를 쓰세요.
▶ 10-1.mp3

S: What are you doing, Jamie?
제이미 뭐 해?

J: Uh, I'm looking at _____ English books.
어, 영어책들 좀 보고 있어.

S: Which _____ do you think is the best?
어느 교재가 가장 좋은 것 같아?

J: Well, you really gotta come to the bookstore and _____ what you like.
음, 진짜 서점에 와서 내가 맘에 드는 것을 골라야 해.

And then, the most important thing is _____.
And you have to _____ to it after you choose one.
그리고 나서 가장 중요한 건 꾸준함이고. 하나를 고르면 딱 그것에 집중해야 돼.

So you can't be going _____ all those different books and then think like: "Oh, is this _____, is this _____?"
그러니까 이 책 저 책 막 기웃기웃거리면서 이렇게 생각하지 말아야겠지. "아, 이게 더 좋은가? 이게 더 좋은가?"

Just _____ one that you like, and then you gotta go through it _____ you finish it.
그냥 맘에 드는 걸 하나 골라서, 끝낼 때까지 힘들더라도 쭉 봐야 돼.

구문 채워 말하기

대화를 잘 듣고 빈칸에 알맞은 구문을 쓰세요.

▶ 10-2.mp3

S: What are you doing, Jamie?
제이미 뭐 해?

J: Uh, I'm looking at some English books.
어, 영어책들 좀 보고 있어.

S: Which one _____ is the best?
어느 교재가 가장 좋은 것 같아?

J: Well, you really gotta _____ and pick _____.
음, 진짜 서점에 와서 내가 맘에 드는 것을 골라야 해.

And then, the most important thing is consistency. And you have to stick to it _____ _____.
그러고 나서 가장 중요한 건 꾸준함이고, 하나를 고르면 딱 그것에 집중해야 돼.

So you can't be going around _____ and then think like: "Oh, is this better, is this better?"
그러니까 이 책 저 책 막 기웃기웃거리면서 이렇게 생각하지 말아야겠지. "아, 이게 더 좋은가? 이게 더 좋은가?"

Just pick one that you like, and then you gotta _____ it until you finish it.
그냥 맘에 드는 걸 하나 골라서, 끝낼 때까지 힘들더라도 쭉 봐야 돼.

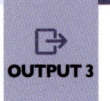

문장 채워 말하기
대화를 잘 듣고 빈칸에 알맞은 문장을 쓰세요.

▶ 10-3.mp3

S: What are you doing, Jamie?
제이미 뭐 해?

J: Uh, I'm looking at some English books.
어, 영어책들 좀 보고 있어.

S: _____?
어느 교재가 가장 좋은 것 같아?

J: Well, you really gotta come to the bookstore and pick what you like.
음, 진짜 서점에 와서 내가 맘에 드는 것을 골라야 해.

And then, _____.
And _____.
그러고 나서 가장 중요한 건 꾸준함이고. 하나를 고르면 딱 그것에 집중해야 돼.

So _____
_____: "Oh, is this better, is this better?"
그러니까 이 책 저 책 막 기웃기웃거리면서 이렇게 생각하지 말아야겠지. "아, 이게 더 좋은가? 이게 더 좋은가?"

_____, _____
_____.
그냥 맘에 드는 걸 하나 골라서, 끝낼 때까지 힘들더라도 쭉 봐야 돼.

3번 반복하고 내 것으로 만들기

원어민과 똑같이 말하기
OUTPUT 4

대화를 들으며 똑같이 따라 말해보세요. 녹음을 하면 더 좋습니다. ▶ 10-4.mp3

S: **What are you doing, Jamie?**
제이미 뭐 해?

J: **Uh, I'm looking at some English books.**
어, 영어책들 좀 보고 있어.

S: **Which one do you think is the best?**
어느 교재가 가장 좋은 것 같아?

J: **Well, you really gotta come to the bookstore and pick what you like.**
음, 진짜 서점에 와서 내가 맘에 드는 것을 골라야 해.

And then, the most important thing is consistency. And you have to stick to it after you choose one.
그리고 나서 가장 중요한 건 꾸준함이고. 하나를 고르면 딱 그것에 집중해야 돼.

So you can't be going around all those different books and then think like: "Oh, is this better, is this better?"
그러니까 이 책 저 책 막 기웃기웃거리면서 이렇게 생각하지 말아야겠지. "아, 이게 더 좋은가? 이게 더 좋은가?"

Just pick one that you like, and then you gotta go through it until you finish it.
그냥 맘에 드는 걸 하나 골라서, 끝낼 때까지 힘들더라도 쭉 봐야 돼.

✓ **Self Checklist** 섀도잉하는 내 목소리를 녹음한 후, 녹음본을 들으며 평가해 보세요.

회차별로 평가하기 (A~D로)	1st	2nd	3rd
최대한 똑같은 속도로 따라 했다.			
최대한 정확한 발음과 강세로 따라 했다.			
INPUT에서 공부했던 내용이 기억난다.			

- ▶ 가성비 영어로?
- ▶ 술 냄새 나는 다이얼로그
- ▶ 첫 잔은 원샷!
- ▶ 투명 케이블카 챌린지
- ▶ 사진빨 안 받아

본 책에 수록된 영어 문장은 학습자의 정확한 영어회화 학습을 위해 쇼츠 영상 속 대화를 재구성한 것입니다.
실제 대화와 다소 차이가 있을 수 있음을 알려드립니다.

일상 영어

Everyday English 2

2

DAY 11

가성비 영어로? INPUT

▶ 관련영상: '돈값한다' 영어로 표현 가능?

INPUT 1 — 귀 쫑긋 상황 파악
대화를 듣고 두 사람이 어떤 말을 주고받고 있는지 파악해 보세요. ▶ 11-1.mp3

J: Wow, Alice! The sandwich was insane. **It was really worth the price!**

A: I know, right? **It was the best bang for the buck!**

J: Yeah, for sure! **But the coffee was... alright. It was mediocre.**

A: I totally agree. How can they charge $9 for a cup of coffee? It doesn't make any sense!

J: Yeah, **I think the coffee was too overpriced.**

귀 쫑긋 입 뻥긋

우리말을 보면서 영어 문장을 따라 해보세요.
(왼쪽 영어 문장을 보면서 따라 읽어도 좋습니다.)

▶ 11-2.mp3

J: 와, 앨리스! 샌드위치 진짜 미친 맛이었어. 완전 돈값하던데(가성비 좋던데)!

A: 그치? 완전 본전 뽑았어(가성비 최고였어)!

J: 완전 그렇지! 근데 커피는… 그저 그랬어. 쏘쏘였어.

A: 완전 동감해. 아니 어떻게 커피 한 잔에 9달러를 내라고 할 수가 있지? 말이 아예 안 돼.

J: 응, 커피가 비싸도 너무 비쌌던 거 같아(가성비 별로였어).

📦 주요 표현 힌트 박스

(진짜) 미친	insane
~의 가치가 있는	worth
그치? (공감의 한마디)	I know, right?
가성비 최고	[관용구] the best bang for the buck (여기서 bang은 '성과, 효과,' buck은 '달러'를 의미해요.)
쏘쏘인	mediocre [mìːdióukər]
청구하다	charge
말이 아예 안 돼.	It doesn't make any sense.
값이 너무 비싸게 책정된	overpriced

ZOOM IN 한줌영어
INPUT 3 주요 표현과 문법을 공부하고, 추가 단어로 다양하게 응용해 보세요. ○ 11-3.mp3

🔍 ZOOM IN 1. 가성비 좋다

- It was really worth the price!
  완전 돈값하던데(가성비 좋던데)!

- It was the best bang for the buck!
  완전 본전 뽑았어(가성비 최고였어)!

✦ worth는 '~의 가치가 있는'이라는 의미의 형용사인데, 주격보어로서 서술적 용법으로 사용됩니다. 또 한 가지 특이한 점은, 마치 타동사처럼 목적어를 갖는다는 점이에요. worth the price라고 worth 뒤에 the price가 들어가서 '그 값의 가치가 있는', 즉 '제 값하는', '가성비가 좋은'이라는 의미로 사용됩니다. ✦ 가치 대비 너무나 좋은 가격이어서 worth the price라고 표현하기에는 뭔가 부족할 때, the best bang(최고의 결과) for the buck(그 달러에 대한 = 내가 쓴 돈에 대한)이라고 표현할 수 있습니다.

🔍 네모 바꿔 끼우기

Today's lunch 오늘 점심	was really worth the price!
The hotel (특정) 호텔	was the best bang for the buck!
The phone plan (특정) 핸드폰 요금제	

🔍 ZOOM IN 2. 가성비 안 좋다

I think the coffee was too overpriced.
커피가 비싸도 너무 비쌌던 것 같아(가성비 별로였어).

✧ 반대로, 가성비가 별로였을 때에는 worth the price 앞에 not을 붙여주면 되겠죠! (It was **not worth the price**.) 그리고 비슷하게, 물건/서비스의 '가치 이상으로 값이 높게 책정됐다'는 의미의 형용사도 있어요. <over(넘어서) + priced(값이 매겨진) = **overpriced**>라는 형용사를 사용합니다. (price에 '가격'이라는 명사뿐 아니라 '값을 매기다'라는 동사의 의미도 있어요.) 이 형용사를 쓰면 expensive보다 더 구체적인 가성비 표현이 가능합니다.

🗨 네모 바꿔 끼우기

Today's lunch 오늘 점심	was not worth the price!
The hotel (특정) 호텔	was overpriced!
The phone plan (특정) 핸드폰 요금제	

🔍 ZOOM IN 3. 별로일 때 so-so 말고

> But the coffee was... alright . It was mediocre .
> 근데 커피는… 그저 그랬어. 쏘쏘였어.

✧ 무언가가 별로일 때 so-so를 가장 먼저 떠올리기 쉬운데요, 그 외에 흔히 쓰이는 좋은 표현이 많이 있답니다. 다양하게 쓸 수 있도록 연습해 보세요.

🗨 네모 바꿔 끼우기

It was	okay.
	alright.
	mediocre.
	meh.

▶ "별로"를 So-So라고 하면 진짜 쏘쏘…

DAY 12
가성비 영어로? ▶ OUTPUT

▶ 관련영상: '돈값한다' 영어로 표현 가능?

OUTPUT 1 — 단어 채워 말하기 🎧
대화를 잘 듣고 빈칸에 알맞은 단어를 쓰세요.   ▶ 12-1.mp3

J: Wow, Alice! The sandwich was _____. It was really _____ the price!
와, 앨리스! 샌드위치 진짜 미친 맛이었어. 완전 돈값하던데(가성비 좋던데)!

A: I know, right? It was the best bang for the _____!
그치? 완전 본전 뽑았어(가격 대비 효율 최고였어)!

J: Yeah, for sure! But the coffee was... alright. It was _____.
완전 그렇지! 근데 커피는… 그저 그랬어. 쏘쏘였어.

A: I totally agree. How can they _____ $9 for a cup of coffee? It doesn't make _____ sense!
완전 동감해. 아니 어떻게 커피 한 잔에 9달러를 내라고 할 수가 있지? 말이 아예 안 돼.

J: Yeah, I think the coffee was too _____.
응, 커피가 비싸도 너무 비쌌던 거 같아(가성비 별로였어).

구문 채워 말하기

대화를 잘 듣고 빈칸에 알맞은 구문을 쓰세요.

▶ 12-2.mp3

J: Wow, Alice! The sandwich was insane. It was really worth the price!
와, 앨리스! 샌드위치 진짜 미친 맛이었어. 완전 돈값하던데(가성비 좋던데)!

A: _____, _____? It was _____ for the buck!
그치? 완전 본전 뽑았어(가격 대비 효율 최고였어)!

J: Yeah, _____! But the coffee was... alright. It was mediocre.
완전 그렇지! 근데 커피는… 그저 그랬어. 쏘쏘였어.

A: I _____. How can they charge $9 _____? It doesn't make any sense!
완전 동감해. 아니 어떻게 커피 한 잔에 9달러를 내라고 할 수가 있지? 말이 아예 안 돼.

J: Yeah, I think the coffee was too overpriced.
응, 커피가 비싸도 너무 비쌌던 거 같아(가성비 별로였어).

OUTPUT 3 문장 채워 말하기
대화를 잘 듣고 빈칸에 알맞은 문장을 쓰세요.

▶ 12-3.mp3

J: Wow, Alice! _____. _____!
와, 앨리스! 샌드위치 진짜 미친 맛이었어. 완전 돈값하던데(가성비 좋던데)!

A: I know, right? _____!
그치? 완전 본전 뽑았어(가성비 최고였어)!

J: Yeah, for sure! But the coffee was… alright. _____.
완전 그렇지! 근데 커피는… 그저 그랬어. 쏘쏘였어.

A: I totally agree. _____? _____!
완전 동감해. 아니 어떻게 커피 한 잔에 9달러를 내라고 할 수가 있지? 말이 아예 안 돼.

J: Yeah, _____.
응, 커피가 비싸도 너무 비쌌던 거 같아(가성비 별로였어).

OUTPUT 4

원어민과 똑같이 말하기

대화를 들으며 똑같이 따라 말해보세요. 녹음을 하면 더 좋습니다.

 12-4.mp3

J: Wow, Alice! The sandwich was insane. It was really worth the price!
와, 앨리스! 샌드위치 진짜 미친 맛이었어. 완전 돈값하던데(가성비 좋던데)!

A: I know, right? It was the best bang for the buck!
그치? 완전 본전 뽑았어(가성비 최고였어)!

J: Yeah, for sure! But the coffee was... alright. It was mediocre.
완전 그렇지! 근데 커피는… 그저 그랬어. 쏘쏘였어.

A: I totally agree. How can they charge $9 for a cup of coffee? It doesn't make any sense!
완전 동감해. 아니 어떻게 커피 한 잔에 9달러를 내라고 할 수가 있지? 말이 아예 안 돼.

J: Yeah, I think the coffee was too overpriced.
응, 커피가 비싸도 너무 비쌌던 거 같아(가성비 별로였어).

✓ **Self Checklist** 섀도잉하는 내 목소리를 녹음한 후, 녹음본을 들으며 평가해 보세요.

회차별로 평가하기 (A~D로)	1st	2nd	3rd
최대한 똑같은 속도로 따라 했다.			
최대한 정확한 발음과 강세로 따라 했다.			
INPUT에서 공부했던 내용이 기억난다.			

DAY 13

술 냄새 나는 다이얼로그  INPUT

▶ 관련영상: 영어로 해장하기

INPUT 1 — 귀 쫑긋 상황 파악

대화를 듣고 두 사람이 어떤 말을 주고받고 있는지 파악해 보세요. ▶ 13-1.mp3

J: Why does my head hurt so much?

S: 🔍 **Looks like someone had too much to drink last night.**

J: (sigh) 🔍 **I don't even remember how many drinks I had.** This hangover is killing me!

S: 🔍 **You definitely had a good time. Here, drink some water.**

J: 🔍 **Ugh, that's a good idea.**

S: You know what else would make you feel better?

J: What?

S: Some classic hangover food.

J: Ha ha ha.

INPUT 2 — 귀 쫑긋 입 뻥긋

우리말을 보면서 영어 문장을 따라 해보세요.
(왼쪽 영어 문장을 보면서 따라 읽어도 좋습니다.)

▶ 13-2.mp3

J: 머리가 왜 이렇게 아프지?

S: 어젯밤 술 많이 드셨나 보네요~.

J: (한숨을 쉬며) 몇 잔 마셨는지 기억도 안 나. 숙취 때문에 죽겠다!

S: 아주 즐거우셨죠. 자 여기, 물 좀 마셔.

J: 으, 좋은 생각이야.

S: 또 뭘 먹으면 더 나아지는지 알아?

J: 뭐?

S: 전형적인 (국룰) 해장 음식!

J: ㅎㅎㅎ

🎁 주요 표현 힌트 박스

~인 것처럼 보인다(~인가 보다)	looks like
기억도 안 나	I don't even remember
숙취	hangover
(몸, 기분이) 괜찮아지다, 더 나아지다	feel better
전형적인	classic

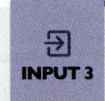

INPUT 3 — **ZOOM IN 한줌영어**
주요 표현과 문법을 공부하고, 추가 단어로 다양하게 응용해 보세요. ▶ 13-3.mp3

🔍 ZOOM IN 1. ~인 것처럼 보인다

> **Looks like** someone had too much to drink last night.
> 어젯밤 술 많이 드셨나 보네요~.

✦ 동사 look은 '~해 보이다'라는 뜻으로 뒤에 형용사가 자주 붙어 사용됩니다. 상대방의 외모나 상태를 보고 추측할 때 사용하는 표현이죠. 그런데 여기서는 look 뒤에 like가 붙어서 '~인 것 같다'라는 의미가 되고, **look like 뒤에 완전한 절**이 따라붙어요. someone had too much to drink last night(누군가가 어젯밤 술을 많이 마셨다)라는 상황에 대한 추측을 나타내게 됩니다. ✦ 추가로, you 대신 someone을 써서 돌려 말하며 살짝 놀리는 느낌을 주고 있어요.

🔖 네모 바꿔 끼우기

Looks like	someone has a crush on him! 그 애를 짝사랑하는 건가 보네~!
	the cafe's already closed. 카페가 이미 문을 닫은 것 같네.
	it's clearing up. 날씨가 개는 것 같네.

🔍 ZOOM IN 2. even으로 뉘앙스 추가하기

> **I don't even** remember how many drinks I had.
> 몇 잔 마셨는지 기억도 안 나.

✦ 여기서 중요한 부분은 even이라는 단어의 뉘앙스인데요, 꼭 '심지어'라고 해석된다기보다는 '기억나지 않아'라는 의미가 강조되어 '얼마나 마셨는지 전혀 기억도 안 난다'라는 뉘앙스를 줍니다. 이처럼 even은 회화에서 **특정 상황을 더 극적으로 표현할 때** 사용돼요.

🔍 네모 바꿔 끼우기

I don't even	know what you're talking about. 너가 무슨 소리 하는지 하나도 모르겠어.
	consider him my friend. 난 걔를 친구로 여기지도 않아.
	care what people say. 사람들이 뭐라 하든 신경도 안 써.

🔍 ZOOM IN 3. 가산명사로 쓰인 time

S: You definitely had **a good time**. Here, drink some water.
아주 즐거우셨죠(**좋은 시간** 보냈죠). 자 여기, 물 좀 마셔.

J: Ugh, that's **a good idea**.
으, **좋은 생각**이야.

◆ 명사를 공부할 때 가장 중요한 점 중 하나는 '가산성(countability)'인데요, 그 이유는 가산명사일 때 반드시 신경 써줘야 하는 것이 수(단수/복수) 및 관사의 유무이기 때문입니다. 명사 idea는 주로 가산명사로 쓰이죠. ◆ 신기한 점은, 똑같은 명사이더라도 의미에 따라 가산성이 달라질 수 있다는 사실입니다. time은 '시간'이라는 관념을 의미할 때는 불가산명사이지만(I don't have much time. 시간이 별로 없어.), '(특정 경험을 한) 때, 한때'를 의미할 때는 가산명사가 됩니다(I had a good time. 좋은 시간 보냈어.).

	가산	불가산
light	We already have **5 lights** in our living room. 우리 거실에 이미 **조명**이 5개 있어.	There isn't **much light** here. 여긴 **빛**이 별로 없어.
experience	My trip to Thailand was **an amazing experience**. 태국 여행은 놀라운 **경험**이었어.	He has **a lot of experience** in marketing. 그는 마케팅 분야에 **경험[경력]**이 많아.

DAY 14

술 냄새 나는 다이얼로그 → OUTPUT

관련영상: 영어로 해장하기

OUTPUT 1 — 단어 채워 말하기
대화를 잘 듣고 빈칸에 알맞은 단어를 쓰세요. ▶ 14-1.mp3

J: Why does my head _____ so much?
머리가 왜 이렇게 아프지?

S: Looks _____ someone had too much to drink last night.
어젯밤 술 많이 드셨나 보네요~.

J: (sigh) I don't _____ remember how many drinks I had. This _____ is killing me!
(한숨을 쉬며) 몇 잔 마셨는지 기억도 안 나. 숙취 때문에 죽겠다!

S: You _____ had a good time. Here, drink some water.
아주 즐거우셨죠. 자 여기, 물 좀 마셔.

J: Ugh, that's a good idea.
으, 좋은 생각이야.

S: You know what _____ would make you feel _____?
또(그 밖에 다른) 뭘 먹으면 더 나아지는지 알아?

J: What? 뭐?

S: Some _____ hangover food.
전형적인 (국룰) 해장 음식!

J: Ha ha ha. ㅎㅎㅎ

구문 채워 말하기

대화를 잘 듣고 빈칸에 알맞은 구문을 쓰세요.

▶ 14-2.mp3

J: Why does my head hurt _____?
머리가 왜 이렇게 아프지?

S: _____ someone had too much to drink last night.
어젯밤 술 많이 드셨나 보네요~.

J: (sigh) I don't even remember _____ I had. This hangover _____!
(한숨을 쉬며) 몇 잔 마셨는지 기억도 안 나. 숙취 때문에 죽겠다!

S: You definitely had _____. Here, drink some water.
아주 즐거우셨죠(좋은 시간 보냈죠). 자 여기, 물 좀 마셔.

J: Ugh, that's a good idea.
으, 좋은 생각이야.

S: _____ what else would make you feel better?
또 뭘 먹으면 더 나아지는지 알아?

J: What?
뭐?

S: Some classic hangover food.
전형적인 (국룰) 해장 음식!

J: Ha ha ha.
ㅎㅎㅎ

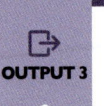

문장 채워 말하기
대화를 잘 듣고 빈칸에 알맞은 문장을 쓰세요.

▶ 14-3.mp3

J: _____?
머리가 왜 이렇게 아프지?

S: _____
_____.
(누가) 어젯밤 술 많이 드셨나 보네요~.

J: (sigh) I don't even remember how many drinks I had. _____!
(한숨을 쉬며) 몇 잔 마셨는지 기억도 안 나. 숙취 때문에 죽겠다!

S: _____. Here, drink some water.
아주 즐거우셨죠. 자 여기, 물 좀 마셔.

J: _____.
으, 좋은 생각이야.

S: You know what else would make you feel better?
또 뭘 먹으면 더 나아지는지 알아?

J: What?
뭐?

S: _____.
전형적인 (국물) 해장 음식!

J: Ha ha ha.
ㅎㅎㅎ

OUTPUT 4

원어민과 똑같이 말하기

대화를 들으며 똑같이 따라 말해보세요. 녹음을 하면 더 좋습니다.   ▶ 14-4.mp3

3번 반복하고 내 것으로 만들기 ✓ ☐ ☐

J: Why does my head hurt so much?
머리가 왜 이렇게 아프지?

S: Looks like someone had too much to drink last night.
어젯밤 술 많이 드셨나 보네요~.

J: (sigh) I don't even remember how many drinks I had. This hangover is killing me!
(한숨을 쉬며) 몇 잔 마셨는지 기억도 안 나. 숙취 때문에 죽겠다!

S: You definitely had a good time. Here, drink some water.
아주 즐거우셨죠. 자 여기, 물 좀 마셔.

J: Ugh, that's a good idea.
으, 좋은 생각이야.

S: You know what else would make you feel better?
또 뭘 먹으면 더 나아지는지 알아?

J: What?
뭐?

S: Some classic hangover food.
전형적인 (국룰) 해장 음식!

J: Ha ha ha.
ㅎㅎㅎ

✓ **Self Checklist** 섀도잉하는 내 목소리를 녹음한 후, 녹음본을 들으며 평가해 보세요.

회차별로 평가하기 (A~D로)	1st	2nd	3rd
최대한 똑같은 속도로 따라 했다.			
최대한 정확한 발음과 강세로 따라 했다.			
INPUT에서 공부했던 내용이 기억난다.			

DAY 15

첫 잔은 원샷! → INPUT

▶ 관련영상: 술자리 필수 표현들

INPUT 1 — 귀 쫑긋 상황 파악
대화를 듣고 두 사람이 어떤 말을 주고받고 있는지 파악해 보세요.   ▶ 15-1.mp3

J: So, what does "chug" mean?

C: "Chug" is when you take your glass, full of delicious beer, and you drink it straight until there's no more beer left.

J: Wow! You're a great teacher!

C: 감사합니다~!^^ hahahaha

J: So, what do you call "chug" in British (English)?

D: "Neck it," or "Bottoms up!" 'Cause you can go…
(takes a drink to show)

귀 쫑긋 입 뻥긋

우리말을 보면서 영어 문장을 따라 해보세요.
(왼쪽 영어 문장을 보면서 따라 읽어도 좋습니다.)

🔊 15-2.mp3

J: 그래서 'chug'가 무슨 뜻이야?

C: 'chug'는, 맛난 맥주가 가득 찬 잔을 들고, 한 번에 쭉 마셔서 비우는 걸 (더 이상 맥주가 남지 않을 때까지 쭉 마시는 걸) 말해.

J: 와! 너 진짜 잘 가르친다!

C: 감사합니다~!^^ ㅎㅎㅎㅎ

J: 그래서 영국 영어로는 'chug'를 뭐라고 해?

D: "Neck it" 혹은 "Bottoms up!"이라고 해. 왜냐하면 이렇게 하기 때문이지… (마시는 모습을 보여준다)

주요 표현 힌트 박스

의미하다, 뜻하다	mean
~가 가득 찬	full of ~
(한 번에) 쭉	straight
영국 영어	British (English)
(동작을 보여주며) 이렇게 하다	You can go

ZOOM IN 한줄영어
주요 표현과 문법을 공부하고, 추가 단어로 다양하게 응용해 보세요. ▶ 15-3.mp3

🔍 ZOOM IN 1. 원어민한테 뜻/단어/표현을 물어볼 때

- What does "chug" mean?
  'chug'가 무슨 뜻이야?
- What do you call "chug" in British (English)?
  영국 영어로는 'chug'를 뭐라고 해?

◆ 표현을 물어보고 싶어도 묻는 표현 자체가 술술 나오지 않아서 힘들었던 경험, 모두 있을 거예요. 다음 패턴을 꼭 기억해 두세요.

뜻을 물어볼 때	What does [단어/문장] mean? ~가 무슨 뜻인가요?
	What do you mean by [단어/문장]? 방금 말씀하신 ~가 무슨 뜻인가요?
단어를 물어볼 때	What do you call [의미] in English? ~는 영어로 뭐라고 하나요?
자연스러운 표현을 물어볼 때	What expression would you use when [상황]? ~한 상황에서 어떤 표현을 쓸 것 같아요?

🔍 ZOOM IN 2. 상대의 능력을 칭찬하기

Wow! You're a great teacher!
와! 너 진짜 잘 가르친다!

◆ 상대가 무언가를 잘할 때, You [동사] really well! 혹은 You're really great at [동명사]!라는 표현을 쓸 수 있습니다. 그런데 원어민들은 직업명을 사용해서, You're a great [직업명]!이라고 말하며 상대를 칭찬하기도 해요. 설사 상대가 해당 직업을 가지지 않았더라도 사용할 수 있습니다. ✦ 추가적으로, You would make a great [직업명]!(넌 정말 훌륭한 ~가 될 수도 있을 것 같아!)이라고 칭찬하기도 합니다.

🔍 네모 바꿔 끼우기

Wow! You	are a great **cook**! 너 진짜 요리 잘한다! (요리사가 아니어도 사용 가능)
	would make a great **cook**! 너 진짜 훌륭한 요리사가 될 수도 있을 것 같아! (요리사 지망생이 아니어도 사용 가능)

🔎 ZOOM IN 3. 동작을 시연할 때

"Neck it," or "Bottoms up!" 'Cause you can go … (takes a drink to show)

"Neck it" 혹은 "Bottoms up!"이라고 해. 왜냐하면 이렇게 하기 때문이지… (마시는 모습을 보여준다)

✦ go는 보통 '가다'라는 뜻으로 해석되지만, 여기서는 특이하게 쓰였죠? 영상에서 영국 친구가 You can go… 하며 맥주를 들이키는 행동을 시연했어요. go가 '(특정 행동, 몸짓 등을) 하다'로도 쓰일 수 있기 때문입니다. 보통 특정 행동을 시연할 때 많이 사용하죠.

When you wanna refer to money in Korea, you can **go**... (make a circle with your thumb and index finger)
한국에서는 돈을 뜻할 때 이렇게 할 수 있지… (엄지와 검지로 동그라미를 만든다)

She **goes** (shrug your shoulders) every time I ask her about her salary.
그 애 월급에 대해 물어볼 때마다 걘 이렇게 해.
(양손을 살짝 들고 어깨를 으쓱한다)

DAY 16

첫 잔은 원샷! ▶ OUTPUT

▶ 관련영상: 술자리 필수 표현들

영상&음성

OUTPUT 1 — 단어 채워 말하기
대화를 잘 듣고 빈칸에 알맞은 단어를 쓰세요.   ▶ 16-1.mp3

J: So, what does "chug" _____?
그래서 'chug'가 무슨 뜻이야?

C: "Chug" is _____ you take your glass, _____ of delicious beer, and you drink it _____ until there's no more beer left.
'chug'는, 맛난 맥주가 가득 찬 잔을 들고, 한 번에 쭉 마셔서 비우는 걸(더 이상 맥주가 남지 않을 때까지 쭉 마시는 걸/마실 때를) 말해.

J: Wow! You're a _____ teacher!
와! 너 진짜 잘 가르친다!

C: 감사합니다~!^^ hahahaha
감사합니다~!^^ ㅎㅎㅎㅎ

J: So, what do you call "chug" _____ British (English)?
그래서 영국 영어로는 'chug'를 뭐라고 해?

D: "Neck it," or "Bottoms up!" 'Cause you can _____…
(takes a drink to show)
"Neck it" 혹은 "Bottoms up!"이라고 해. 왜냐하면 이렇게 하기 때문이지… (마시는 모습을 보여준다)

구문 채워 말하기

대화를 잘 듣고 빈칸에 알맞은 구문을 쓰세요.

▶ 16-2.mp3

J: So, what does "chug" mean?
그래서 'chug'가 무슨 뜻이야?

C: "Chug" is when you _____, full of delicious beer, and you drink it straight _____ _____.
'chug'는, 맛난 맥주가 가득 찬 잔을 들고, 한 번에 쭉 마셔서 비우는 걸(더 이상 맥주가 남지 않을 때까지 쭉 마시는 걸) 말해.

J: Wow! You're a great teacher!
와! 너 진짜 잘 가르친다!

C: 감사합니다~!^^ hahahaha
감사합니다~!^^ ㅎㅎㅎㅎ

J: So, _____ "chug" in British (English)?
그래서 영국 영어로는 'chug'를 뭐라고 해?

D: "_____," or "_____!" 'Cause you can go… (takes a drink to show)
"Neck it" 혹은 "Bottoms up!"이라고 해. 왜냐하면 이렇게 하기 때문이지… (마시는 모습을 보여준다)

문장 채워 말하기
대화를 잘 듣고 빈칸에 알맞은 문장을 쓰세요.

▶ 16-3.mp3

J: _____?
그래서 'chug'가 무슨 뜻이야?

C: "Chug" is when you take your glass, full of delicious beer, and you drink it straight until there's no more beer left.
'chug'는, 맛난 맥주가 가득 찬 잔을 들고, 한 번에 쭉 마셔서 비우는 걸(더 이상 맥주가 남지 않을 때까지 쭉 마시는 걸) 말해.

J: Wow! _____!
와! 너 진짜 잘 가르친다!

C: 감사합니다~!^^ hahahaha
감사합니다~!^^ ㅎㅎㅎㅎ

J: _____?
그래서 영국 영어로는 'chug'를 뭐라고 해?

D: "Neck it," or "Bottoms up!" _____…
(takes a drink to show)
"Neck it" 혹은 "Bottoms up!"이라고 해. 왜냐하면 이렇게 하기 때문이지… (마시는 모습을 보여준다)

3번 반복하고 내 것으로 만들기 ✓ ☐ ☐

OUTPUT 4 — 원어민과 똑같이 말하기 🎧💬

대화를 들으며 똑같이 따라 말해보세요. 녹음을 하면 더 좋습니다. ▶ 16-4.mp3

J: So, what does "chug" mean?
그래서 'chug'가 무슨 뜻이야?

C: "Chug" is when you take your glass, full of delicious beer, and you drink it straight until there's no more beer left.
'chug'는, 맛난 맥주가 가득 찬 잔을 들고, 한 번에 쭉 마셔서 비우는 걸(더 이상 맥주가 남지 않을 때까지 쭉 마시는 걸) 말해.

J: Wow! You're a great teacher!
와! 너 진짜 잘 가르친다!

C: 감사합니다~!^^ hahahaha
감사합니다~!^^ ㅎㅎㅎㅎ

J: So, what do you call "chug" in British (English)?
그래서 영국 영어로는 'chug'를 뭐라고 해?

D: "Neck it," or "Bottoms up!" 'Cause you can go… (takes a drink to show)
"Neck it" 혹은 "Bottoms up!"이라고 해. 왜냐하면 이렇게 하기 때문이지… (마시는 모습을 보여준다)

✓ **Self Checklist** 섀도잉하는 내 목소리를 녹음한 후, 녹음본을 들으며 평가해 보세요.

회차별로 평가하기 (A~D로)	1st	2nd	3rd
최대한 똑같은 속도로 따라 했다.			
최대한 정확한 발음과 강세로 따라 했다.			
INPUT에서 공부했던 내용이 기억난다.			

DAY 17

투명 케이블카 챌린지 → INPUT

▶ 관련영상: 90%가 틀리게 쓰는 단어 challenge

INPUT 1 — 귀 쫑긋 상황 파악
대화를 듣고 두 사람이 어떤 말을 주고받고 있는지 파악해 보세요.   ▶ 17-1.mp3

J: 🔍 **There are three types. One is the regular cable car,** (…) **and that one… the whole thing is glass.**

S: Why…Why am I…Why is my hand shaking so much?

J: Look at this! (…) So 🔍 **I'm gonna challenge myself. You know I love challenges.**

S: You're a challenge queen.

J: Yeah, I'm gonna step on hereeeee!

S: 🔍 **Now's the real deal.** (…) This one's not too bad.

J: Look at the color.

귀 쫑긋 입 뻥긋

우리말을 보면서 영어 문장을 따라 해보세요.
(왼쪽 영어 문장을 보면서 따라 읽어도 좋습니다.)

🔊 17-2.mp3

J: 세 가지 종류가 있는데. 하나는 일반 케이블카이고, (…) 그리고 저건… 전체가 유리야.

S: 왜… 나 왜… 왜 손이 이렇게 떨리지?

J: 여기 봐봐! (…) 자, (스스로에게) 도전해볼 거야. 나 챌린지 진짜 좋아하잖아.

S: 챌린지퀸이시잖아요.

J: 응, 내가 여기 밟아볼게에에에!

S: 이번 게 진짜 찐이다. (…) 그렇게 나쁘지 않네.

J: 색깔 좀 봐봐.

📦 주요 표현 힌트 박스

종류	type
일반적인	regular
전체	the whole thing
통 ~에게 도전하다 명 도전, 챌린지	challenge
~를 밟다	step on
이게 진짜 찐이다. 이제 진짜 시작이다.	Now's the real deal.

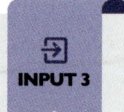

ZOOM IN 한줌영어
주요 표현과 문법을 공부하고, 추가 단어로 다양하게 응용해 보세요. ▶ 17-3.mp3

🔍 ZOOM IN 1. 정관사 the의 쓰임

> There are three types. One is the regular cable car, (…) and that one… the whole thing is glass.
>
> 세 가지 종류가 있는데. 하나는 일반 케이블카이고, (…) 그리고 저건… 전체가 유리야.

✦ 정관사(定冠詞) the는 특정한 대상을 지칭할 때 사용되는 관사입니다. '정(定)해진' 명사 앞에 쓰는데, 보통은 ❶ 청자도 알고 화자도 아는 것, 혹은 ❷ 같이 눈앞에서 보고 있는 것, ❸ 시스템에 대한 공통된 이해를 가지고 있는 것 등에는 정관사를 쓰는 것이 중요해요. 위 문장에서는 ❷에 해당하는 경우겠지요.

📄 다른 예시

❶ 청자도 알고 화자도 아는 것
A: You know what? I went to **the** event last Saturday!
B: Oh, you mean **the** one we talked about the other day?

A: 있잖아, 나 지난 토요일에 그 행사 다녀왔어!
B: 오호, 저번에 우리가 얘기했던 그 행사?

---

❸ 시스템에 대한 공통된 이해를 가지고 있는 것
I visited **the** doctor yesterday. 어제 병원 다녀왔어.
I take **the** subway to work. 난 지하철을 타고 출근해.

🔍 ZOOM IN 2. 동사로 쓸 때 주의해야 하는 단어, challenge

> I'm gonna challenge myself . You know I love challenges.
> 도전해볼 거야. 나 챌린지 진짜 좋아하잖아.

◆ challenge를 실제 문장에서 올바르게 사용하는 게 생각보다 어려워요. 예를 들어, 'CPA 시험에 도전할 거야.'를 I'm gonna challenge [the CPA exam].이라고 영작하는 경우가 많아요. 그런데 challenge는 '~에게 도전하다, ~의 도전의식을 북돋우다'라는 의미라서 목적어 자리에는 도전하는 분야가 아니라 [극복하려는 대상]이 와야 해요. 그래서 'CPA 시험에 도전할 거야.'는 I'm gonna **challenge myself** to pass the CPA exam.이라고 말해야 합니다.

I'm **challenging myself** to read one book every month.
난 매달 한 권씩 책을 읽겠다고 스스로에게 다짐하고 있어. (한 달에 책 한 권 읽기에 도전하고 있다는 뜻)

His job doesn't really **challenge him**.
그 애의 일은 걔의 도전의식을 그닥 북돋우지 않아. (새로운 것이 별로 없거나 쉽고 단조로운 일이라는 뜻)

🔍 ZOOM IN 3. '찐'이다

> Now's the real deal.
> 이번 게 진짜 찐이다.

◆ real deal은 **무언가가 진짜라는 것을 강조할 때** 사용해요. 그것의 특징이나 효과가 최상급임을 표현합니다. 이 표현은 종종 상대의 흥미나 관심을 이끌고자 하는 상황에서 사용되고, 기대감이나 긴장감을 전달하고자 할 때 유용합니다.

🔖 네모 바꿔 끼우기

I heard the new restaurant is 새로 연 식당 찐이라고 들었어.	the real deal.
If you want authentic reviews, this website is 진정성 있는 후기를 원한다면, 이 사이트가 찐이야.	
I'm glad you picked this book because this one is 이 책을 고르셨다니 기뻐요, 왜냐하면 이 책은 찐이거든요.	

DAY 18

투명 케이블카 챌린지 ▶ OUTPUT

▶ 관련영상: 90%가 틀리게 쓰는 단어 challenge

OUTPUT 1 단어 채워 말하기 🎧
대화를 잘 듣고 빈칸에 알맞은 단어를 쓰세요.   ▶ 18-1.mp3

J: There are three _____. One is the regular cable car, (...) and that one... the _____ thing is glass.
세 가지 종류가 있는데. 하나는 일반 케이블카이고, (…) 그리고 저건… 전체가 유리야.

S: Why…Why am I…Why is my hand _____ so much?
왜… 나 왜… 왜 손이 이렇게 떨리지?

J: Look at this! (...) So I'm gonna challenge _____. You know I love challenges.
여기 봐봐! (…) 자, (스스로에게) 도전해볼 거야. 나 챌린지 진짜 좋아하잖아.

S: You're a challenge queen.
챌린지퀸이시잖아요.

J: Yeah, I'm gonna step _____ hereeeee!
응, 내가 여기 밟아볼게에에에!

S: Now's the real _____. (...) This one's not _____ bad.
이번 게 진짜 찐이다. (…) 그렇게 나쁘지 않네.

J: Look at the color.
색깔 좀 봐봐.

구문 채워 말하기

대화를 잘 듣고 빈칸에 알맞은 구문을 쓰세요.

● 18-2.mp3

J: _____. One is the regular cable car, (...) and that one... the whole thing is glass.
세 가지 종류가 있는데. 하나는 일반 케이블카이고, (...) 그리고 저건… 전체가 유리야.

S: Why…Why am I…Why is my hand _____?
왜… 나 왜… 왜 손이 이렇게 떨리지?

J: Look at this! (...) So I'm gonna challenge myself. _____ challenges.
여기 봐봐! (...) 자, 도전해볼 거야. 나 챌린지 진짜 좋아하잖아.

S: You're a challenge queen.
챌린지 퀸이시잖아요.

J: Yeah, I'm gonna step on hereeeee!
응, 내가 여기 밟아볼게에에에!

S: Now's the real deal. (...) This one's _____.
이번 게 진짜 찐이다. (...) 그렇게 나쁘지 않네.

J: Look at the color.
색깔 좀 봐봐.

087

문장 채워 말하기

대화를 잘 듣고 빈칸에 알맞은 문장을 쓰세요.

▶ 18-3.mp3

J: There are three types. One is the regular cable car, (...) and that one... the whole thing is glass.
세 가지 종류가 있는데. 하나는 일반 케이블카이고, (…) 그리고 저건… 전체가 유리야.

S: Why…Why am I..._____?
왜… 나 왜… 왜 손이 이렇게 떨리지?

J: Look at this! (...) So _____.
You know I love challenges.
여기 봐봐! (…) 자, 도전해볼 거야. 나 챌린지 진짜 좋아하잖아.

S: You're a challenge queen.
챌린지퀸이시잖아요.

J: Yeah, _____!
응, 내가 여기 밟아볼게에에에!

S: _____. (...) _____.
이번 게 진짜 찐이다. (…) 그렇게 나쁘지 않네.

J: Look at the color.
색깔 좀 봐봐.

원어민과 똑같이 말하기

OUTPUT 4

대화를 들으며 똑같이 따라 말해보세요. 녹음을 하면 더 좋습니다. ▶ 18-4.mp3

J: There are three types. One is the regular cable car, (…) and that one… the whole thing is glass.
세 가지 종류가 있는데. 하나는 일반 케이블카이고, (…) 그리고 저건… 전체가 유리야.

S: Why…Why am I…Why is my hand shaking so much?
왜… 나 왜… 왜 손이 이렇게 떨리지?

J: Look at this! (…) So I'm gonna challenge myself. You know I love challenges.
여기 봐봐! (…) 자, 도전해볼 거야. 나 챌린지 진짜 좋아하잖아.

S: You're a challenge queen.
챌린지퀸이시잖아요.

J: Yeah, I'm gonna step on hereeeee!
응, 내가 여기 밟아볼게에에에!

S: Now's the real deal. (…) This one's not too bad.
이번 게 진짜 찐이다. (…) 그렇게 나쁘지 않네.

J: Look at the color.
색깔 좀 봐봐.

✓ **Self Checklist** 섀도잉하는 내 목소리를 녹음한 후, 녹음본을 들으며 평가해 보세요.

회차별로 평가하기 (A~D로)	1st	2nd	3rd
최대한 똑같은 속도로 따라 했다.			
최대한 정확한 발음과 강세로 따라 했다.			
INPUT에서 공부했던 내용이 기억난다.			

DAY 19

사진빨 안 받아 → INPUT

관련영상: 뷰가 미쳐서 사진에 안 담겨

INPUT 1 — 귀 쫑긋 상황 파악

대화를 듣고 두 사람이 어떤 말을 주고받고 있는지 파악해 보세요.   ▶ 19-1.mp3

S: Wow, Jamie.

J: Yeah.

S: 🔍 Honestly, we can't capture all this in a photo.

J: I know, I'm trying my best, but 🔍 the photos are not doing this justice. 🔍 You know, so not comparable.

S: Wow.

J: I'll try my best. 🔍 Just capture it with your eyes.

INPUT 2 — 귀 쫑긋 입 뻥긋

우리말을 보면서 영어 문장을 따라 해보세요.
(왼쪽 영어 문장을 보면서 따라 읽어도 좋습니다.)

▶ 19-2.mp3

S: 와, 제이미.

J: 응.

S: 솔직히 말해서, 이거 사진 한 장에 다 담을 수가 없어.

J: 그니까 말야, 최선을 다하고 있긴 한데, 사진들이 이것(진짜 뷰)에 한참 못 미치네(이게 사진들에 안 담기네). 완전 비교가 안 되잖아.

S: 와아.

J: 최선을 다해볼게. 그냥 눈으로 담아.

🎁 주요 표현 힌트 박스

솔직히 말해서	honestly
~를 담다	capture
최선을 다하다	try one's best
A가 B에 한참 못 미치다(안 담기다).	A doesn't do B justice.
비교가 되는	comparable

INPUT 3 — ZOOM IN 한줌영어
주요 표현과 문법을 공부하고, 추가 단어로 다양하게 응용해 보세요. ▶ 19-3.mp3

🔍 ZOOM IN 1. capture은 '캡처하다'일까?

- Honestly, we can't **capture** all this in a photo.
  솔직히 말해서, 이거 사진 한 장에 다 담을 수가 없어.
- Just **capture** it with your eyes.
  그냥 눈으로 담아.

✧ 동사 capture을 보면 우리말로 '캡처하다'일 것 같지만, '~을 붙잡다' 혹은 '~을 [사진, 문장 등에] 담다'라는 뜻이에요. 담는 대상을 목적어로 쓰는 타동사입니다. 참고로, 화면을 캡처하는 행위는 screenshot이라는 동사를 사용해요. 예를 들어, '난 항상 인스타에서 좋은 레시피들을 캡처해둬.'라고 하려면 I always screenshot good recipes on Insta.라고 하죠.

> I heard the police managed to **capture** the suspect.
> 경찰은 (고난 끝에 결국) 그 용의자를 잡는 데 성공했대.
> I wanna **capture** this beautiful moment in a photo.
> 이 아름다운 순간을 사진에 담고 싶어.

🔍 ZOOM IN 2. 무언가가 잘 안 담길 때

The photos are not doing **this** justice.
사진들이 이것(진짜 뷰)에 한참 못 미치네(이게 사진들에 안 담기네).

✧ 우리도 B가 A보다 훨씬 더 나을 때, 'A가 B를 못 담는다'고 말하지요? 영어에도 비슷한 표현이 있어요. A doesn't do B justice. 'A가 B에게 정의(justice)를 하지 않는다

(doesn't do)'라는 특이한 표현입니다. '정의를 하지 않는다'라는 것은 결국 공평하지 않다, 즉 **잘 담지 못하고 한참 못 미친다**는 의미가 되겠습니다. 시제는 단순현재로 써도 되지만, 눈 앞의 장면을 생생하게 표현하고 싶다면 현재진행형도 괜찮아요.

🔍 네모 바꿔 끼우기

This speaker 이 스피커가	doesn't do / is not doing	his beautiful voice 그의 아름다운 목소리를 잘 못 담네.	justice.
The hotel (특정) 호텔이		its reviews 리뷰들에 한참 못 미치네.	
My English 내 영어가		my thoughts 내 생각들을 잘 못 담네.	

🔎 ZOOM IN 3. 비교가 안 될 때

> You know, so **not comparable**.
>
> 완전 **비교가 안 되**잖아.

✦ 형용사 comparable은 동사 compare(비교하다)에 접미사 -able(~할 수 있는)이 붙어 만들어졌고, '비교할 수 있는'이라는 의미를 가집니다. 그런데 비교할 수 있을 때보다는, 보통 하나가 다른 하나에 비해 비교할 수 없을 정도로 뛰어날 때 사용하여, 부정 접두사 in-을 붙여서 incomparable이라는 형용사를 쓰거나 not을 붙여서 not comparable이라고 말하곤 해요.

🔍 비슷한 표현들

This is **beyond comparison**.	비교할 수 있는 수준을 넘어섰다(beyond)
This is **unbeatable**.	부정 접두사 un- + 이기다 beat + 가능한 -able
This is **in a league of its own**.	그것만의 리그에 있다 = 상대할 수 있는 것이 없다

DAY 20
사진빨 안 받아 ▶ OUTPUT

▶ 관련영상: 뷰가 미쳐서 사진에 안 담겨

OUTPUT 1 — 단어 채워 말하기 🎧
대화를 잘 듣고 빈칸에 알맞은 단어를 쓰세요.   ▶ 20-1.mp3

S: Wow, Jamie.
와, 제이미.

J: Yeah.
응.

S: Honestly, we can't _____ all this in a photo.
솔직히 말해서, 이거 사진 한 장에 다 담을 수가 없어.

J: I know, I'm _____ my best, but the photos are not _____ this _____. You know, so not _____.
그니까 말야, 최선을 다하고 있긴 한데, 사진들이 이것(진짜 뷰)에 한참 못 미치네(이게 사진들에 안 담기네). 완전 비교가 안 되잖아.

S: Wow.
와아.

J: I'll try my best. Just _____ it with your eyes.
최선을 다해볼게. 그냥 눈으로 담아.

구문 채워 말하기

대화를 잘 듣고 빈칸에 알맞은 구문을 쓰세요.

S: Wow, Jamie.
와, 제이미.

J: Yeah.
응.

S: Honestly, we _____ in a photo.
솔직히 말해서, 이거 사진 한 장에 다 담을 수가 없어.

J: I know, I'm _____, but the photos are not doing this justice. You know, so not comparable.
그니까 말야, 최선을 다하고 있긴 한데, 사진들이 이것(진짜 뷰)에 한참 못 미치네(이게 사진들에 안 담기네). 완전 비교가 안 되잖아.

S: Wow.
와아.

J: I'll _____. Just capture it _____.
최선을 다해볼게. 그냥 눈으로 담아.

문장 채워 말하기

대화를 잘 듣고 빈칸에 알맞은 문장을 쓰세요.

▶ 20-3.mp3

S: Wow, Jamie.
와, 제이미.

J: Yeah.
응.

S: _____, _____.
솔직히 말해서, 이거 사진 한 장에 다 담을 수가 없어.

J: _____, _____,
_____.
_____, _____.
그니까 말야, 최선을 다하고 있긴 한데, 사진들이 이것(진짜 뷰)에 한참 못 미치네(이게 사진들에 안 담기네). 완전 비교가 안 되잖아.

S: Wow.
와아.

J: _____. _____
_____.
최선을 다해볼게. 그냥 눈으로 담아.

원어민과 똑같이 말하기

대화를 들으며 똑같이 따라 말해보세요. 녹음을 하면 더 좋습니다.

● 20-4.mp3

S: Wow, Jamie.
와, 제이미.

J: Yeah.
응.

S: Honestly, we can't capture all this in a photo.
솔직히 말해서, 이거 사진 한 장에 다 담을 수가 없어.

J: I know, I'm trying my best, but the photos are not doing this justice. You know, so not comparable.
그니까 말야, 최선을 다하고 있긴 한데, 사진들이 이것(진짜 뷰)에 한참 못 미치네(이게 사진들에 안 담기네). 완전 비교가 안 되잖아.

S: Wow.
와아.

J: I'll try my best. Just capture it with your eyes.
최선을 다해볼게. 그냥 눈으로 담아.

✓ **Self Checklist** 섀도잉하는 내 목소리를 녹음한 후, 녹음본을 들으며 평가해 보세요.

회차별로 평가하기 (A~D로)	1st	2nd	3rd
최대한 똑같은 속도로 따라 했다.			
최대한 정확한 발음과 강세로 따라 했다.			
INPUT에서 공부했던 내용이 기억난다.			

- ▶ 입국심사
- ▶ 호텔 체크인 & 업그레이드
- ▶ 프론트에 전화로 요청하기
- ▶ 룸서비스 주문하기
- ▶ 쇼핑한 옷 반품하기

본 책에 수록된 영어 문장은 학습자의 정확한 영어회화 학습을 위해 쇼츠 영상 속 대화를 재구성한 것입니다.
실제 대화와 다소 차이가 있을 수 있음을 알려드립니다.

여행 영어

Travel English

3

DAY 21
입국심사 → INPUT

▶ 관련영상: 이것만 알면 입국심사 프리패스~!

INPUT 1 — 귀 쫑긋 상황 파악
대화를 듣고 두 사람이 어떤 말을 주고받고 있는지 파악해 보세요.   ▶ 21-1.mp3

Q: What's the purpose of your visit?

A: Oh, I'm just here for vacation.

Q: How long will you be staying?

A: I'll be staying for a week and a half.

Q: Okay, where are you staying?

A: I'm staying at 2 different Airbnbs. They're both in downtown San Francisco.

Q: Do you have a return ticket?

A: Yes, I do. Here you go.

Q: Okay, all set. Enjoy your time in San Francisco.

A: Thank you. Have a good one!

귀 쫑긋 입 뻥긋 INPUT 2

우리말을 보면서 영어 문장을 따라 해보세요.
(왼쪽 영어 문장을 보면서 따라 읽어도 좋습니다.)

▶ 21-2.mp3

Q: 방문 목적이 어떻게 되나요?
A: 아, 휴가 차 왔어요.

Q: 얼마나 오래 계실 건가요?
A: 일주일 반 있을 거예요.

Q: 그래요, 어디에 머무르실 건가요?
A: 에어비앤비 두 군데에 있을 거예요. 둘 다 샌프란시스코 다운타운에 있어요.

Q: 귀국행 비행기표가 있나요?
A: 네, 있어요. 여기요.

Q: 네, 다 됐어요. 샌프란시스코에서 좋은 시간 보내세요.
A: 감사합니다. 좋은 하루 되세요!

주요 표현 힌트 박스

[누구]의 방문 목적	the purpose of one's visit
휴가	vacation (가산, 불가산 둘 모두 가능하지만 '휴가 차 왔다'와 같이 일반적으로 칭할 때는 불가산 형태로 흔히 관사 없이 쓰여요.)
귀국행 표	a return ticket
여기요.	Here you go.
다 됐어요.	All set.
좋은 하루 되세요!	Have a good one! (Have a good day!만큼이나 많이 쓰이는 표현)

ZOOM IN 한줌영어

INPUT 3 — 주요 표현과 문법을 공부하고, 추가 단어로 다양하게 응용해 보세요. ● 21-3.mp3

🔍 ZOOM IN 1. 방문 목적 질문에 대답하기

Q: What's the purpose of your visit?
방문 목적이 어떻게 되나요?

A: Oh, I'm just here for vacation.
아, 휴가 차 왔어요.

✧ 경우에 따라 질문이 다양한 형태로 던져질 수 있는데, 예를 들어 불친절한 심사관이 걸릴 경우 그냥 Why are you here?(여기 왜 왔어?)라고 하기도 해요. ✧ 대답은 불필요한 내용 없이, **간단하고 명료하게** 하는 것이 좋습니다. 묻지도 않은 정보를 주절주절 말하게 되면 그에 따른 꼬리 질문이 쏟아질 수 있어요. 그리고 방문 목적이 비자를 필요로 하는 것이라면 반드시 요청하기 때문에 미리 준비하세요.

💬 네모 바꿔 끼우기

Oh, I'm just here	to travel. 여행하러 왔어요. to see the sites. 관광하러 왔어요. for a little sightseeing. 간단히 구경 좀 하러 왔어요.
	on business. 출장으로 왔어요.
	as an exchange student. 교환학생(자격)으로 왔어요.
	to study (at [교육 기관명]). ([교육 기관명])에 유학하러 왔어요.
	for the Working Holiday Program. with a Working Holiday visa. 워홀로 왔어요.

🔍 ZOOM IN 2. 방문 기간 질문에 대답하기

Q: How long will you be staying?
얼마나 오래 계실 건가요?

A: I'll be staying for a week and a half.
일주일 반 있을 거예요.

✦ 입국심사에서 알고자 하는 중요 사항은 여러 가지가 있을 수 있지만 '고국으로 잘 돌아갈 것인지'는 매우 중요한 사항이기 때문에, 방문 기간이 정해지지 않은 경우 많은 꼬리 질문이 붙거나 곤란한 상황에 처할 수 있어요. 며칠 머무를 것인지 정확히 알고 '[숫자] days'라고 간략하게 대답해도 괜찮아요.

🔍 ZOOM IN 3. 숙소 질문에 대답하기

Q: Okay, where are you staying?
그래요, 어디에 머무르실 건가요?

A: I'm staying at 2 different Airbnbs.
에어비앤비 두 군데에 있을 거예요.

✦ 숙소는 단골 질문입니다. 호텔이라면 호텔명은 꼭 알아두시고, 에어비앤비 혹은 친구집일 경우에 꼬리 질문으로 어디에 있냐고 대략적인 위치를 묻거나, 주소를 묻는 경우도 있어요. 불안하다면 **숙소 주소** 혹은 예약 확정 페이지를 핸드폰에 저장해두는 것을 추천드립니다.

🔍 네모 바꿔 끼우기

I'm staying at	
	an Airbnb. 에어비앤비 한 군데에 있을 거예요.
	the W Hotel Seattle. 시애틀 더블유 호텔[호텔명]에 있을 거예요.
	a friend's place. 친구 집에 있을 거예요.
	* 어떻게 아는 친구인지, 어디서 만났는지 추가 질문 가능성이 높습니다.

DAY 22

입국심사 ▶ OUTPUT

▶ 관련영상: 이것만 알면 입국심사 프리패스~!

영상&음성

OUTPUT 1 **단어 채워 말하기**
대화를 잘 듣고 빈칸에 알맞은 단어를 쓰세요.   ▶ 22-1.mp3

Q: What's the _____ of your visit? 방문 목적이 어떻게 되나요?

A: Oh, I'm just here for _____. 아, 휴가 차 왔어요.

Q: How _____ will you be staying?
얼마나 오래 계실 건가요?

A: I'll be staying _____ a week and a half.
일주일 반 (동안) 있을 거예요.

Q: Okay, _____ are you staying? 그래요, 어디에 머무르실 건가요?

A: I'm staying _____ 2 different Airbnbs. They're both in downtown San Francisco.
에어비앤비 두 군데에 있을 거예요. 둘 다 샌프란시스코 다운타운에 있어요.

Q: Do you have a _____ ticket? 귀국행 비행기표가 있나요?

A: Yes, I do. _____ you go. 네, 있어요. 여기요.

Q: Okay, all _____. Enjoy your time in San Francisco.
네, 다 됐어요. 샌프란시스코에서 좋은 시간 보내세요.

A: Thank you. Have a good one! 감사합니다. 좋은 하루 되세요!

구문 채워 말하기

대화를 잘 듣고 빈칸에 알맞은 구문을 쓰세요.

🔊 22-2.mp3

Q: What's _____?
방문 목적이 어떻게 되나요?

A: Oh, _____ for vacation.
아, 휴가 차 왔어요

Q: How long will you be staying?
얼마나 오래 계실 건가요?

A: I'll be staying _____.
일주일 반 있을 거예요.

Q: Okay, where are you staying?
그래요, 어디에 머무르실 건가요?

A: _____ 2 different Airbnbs. They're both
_____.
에어비앤비 두 군데에 있을 거예요. 둘 다 샌프란시스코 다운타운에 있어요.

Q: Do you have _____?
귀국행 비행기표가 있나요?

A: Yes, I do. _____.
네, 있어요. 여기요.

Q: Okay, _____. _____ San Francisco.
네, 다 됐어요. 샌프란시스코에서 좋은 시간 보내세요.

A: Thank you. Have a good one!
감사합니다. 좋은 하루 되세요!

문장 채워 말하기

대화를 잘 듣고 빈칸에 알맞은 문장을 쓰세요.

▶ 22-3.mp3

Q: What's the purpose of your visit?
방문 목적이 어떻게 되나요?

A: _____.
아, 휴가 차 왔어요.

Q: How long will you be staying?
얼마나 오래 계실 건가요?

A: _____.
일주일 반 있을 거예요.

Q: Okay, where are you staying?
그래요, 어디에 머무르실 건가요?

A: _____.
_____.
에어비앤비 두 군데에 있을 거예요. 둘 다 샌프란시스코 다운타운에 있어요.

Q: Do you have a return ticket?
귀국행 비행기표가 있나요?

A: _____. _____.
네, 있어요. 여기요.

Q: Okay, all set. Enjoy your time in San Francisco.
네, 다 됐어요. 샌프란시스코에서 좋은 시간 보내세요.

A: _____. _____!
감사합니다. 좋은 하루 되세요!

원어민과 똑같이 말하기

대화를 들으며 똑같이 따라 말해보세요. 녹음을 하면 더 좋습니다.

3번 반복하고 내 것으로 만들기

▶ 22-4.mp3

Q: What's the purpose of your visit? 방문 목적이 어떻게 되나요?

A: Oh, I'm just here for vacation. 아, 휴가 차 왔어요.

Q: How long will you be staying? 얼마나 오래 계실 건가요?

A: I'll be staying for a week and a half. 일주일 반 있을 거예요.

Q: Okay, where are you staying? 그래요, 어디에 머무르실 건가요?

A: I'm staying at 2 different Airbnbs. They're both in downtown San Francisco.
에어비앤비 두 군데에 있을 거예요. 둘 다 샌프란시스코 다운타운에 있어요.

Q: Do you have a return ticket? 귀국행 비행기표가 있나요?

A: Yes, I do. Here you go. 네, 있어요. 여기요.

Q: Okay, all set. Enjoy your time in San Francisco.
네, 다 됐어요. 샌프란시스코에서 좋은 시간 보내세요.

A: Thank you. Have a good one! 감사합니다. 좋은 하루 되세요!

✓ **Self Checklist** 섀도잉하는 내 목소리를 녹음한 후, 녹음본을 들으며 평가해 보세요.

회차별로 평가하기 (A~D로)	1st	2nd	3rd
최대한 똑같은 속도로 따라 했다.			
최대한 정확한 발음과 강세로 따라 했다.			
INPUT에서 공부했던 내용이 기억난다.			

DAY 23

호텔 체크인 & 업그레이드 INPUT

▶ 관련영상: 어머 이건 외우고 가야 돼

INPUT 1

귀 쫑긋 상황 파악
대화를 듣고 두 사람이 어떤 말을 주고받고 있는지 파악해 보세요.   ▶ 23-1.mp3

R: Good evening. Checking in?

G: Yes, 🔍 **I made a reservation under Steve Choi.**

R: One moment, please. (…) You booked seven nights, standard room, one queen bed, no breakfast included. Is that correct?

G: Yes. Umm, 🔍 **would it be possible for you to upgrade our room by any chance?**

R: Let me check. (…) Actually, it is possible! Let me give you a complimentary upgrade to a deluxe room.

G: Yay! Thank you so much!

R: Okay, lastly, could we have some form of ID and a credit card?

G: Sure, here you go.

R: Thank you. (…) Okay, here's your room key. Enjoy your stay and 🔍 **please feel free to call the front desk whenever you have a question.**

INPUT 2

귀 쫑긋 입 뻥긋

우리말을 보면서 영어 문장을 따라 해보세요.
(왼쪽 영어 문장을 보면서 따라 읽어도 좋습니다.)

▶ 23-2.mp3

R: 안녕하세요. 체크인이신가요?
G: 네, 스티브 최 이름으로 예약했어요.
R: 잠시만 기다려 주세요. (…) 7박이시고, 퀸베드 하나 있는 스탠다드 룸 온리(조식 불포함)로 예약하셨네요. 맞습니까?
G: 네. 아, 혹시 룸 업그레이드 해주실 수 있나요?
R: 확인해 보겠습니다. (…) 아, 가능하네요! 디럭스 룸으로 무료 업그레이드 해드릴게요.   G: 아싸! 정말 감사해요!
R: 좋습니다, 마지막으로 신분증이 될 만한 것(신분증 형태를 띤 것 아무거나 하나)과 신용카드 확인 가능할까요?
G: 물론이죠, 여기요.
R: 감사합니다. (…) 좋아요, 여기 룸키 있습니다. 좋은 시간 보내시고, 궁금한 거 있으시면 언제든 프론트로 연락 주십시오.

주요 표현 힌트 박스

[이름]으로 예약하다	make a reservation under [이름] (호텔, 식당, 렌터카 등의 자리를 확보한다는 의미에서 예약할 때 보통 사용)
룸온리 (조식 불포함)	no breakfast included
예약하다	book (호텔, 항공편, 티켓 등을 예약 후 결제까지 진행한 경우에 보통 사용)
혹시 [행동]해주실 수 있나요?	Would it be possible for you to [행동] by any chance?
무료의	complimentary (구매한 상품/서비스에 추가적으로 무언가를 더 주는, free보다 더 공식적이고 포멀한 느낌)
언제든 편하게 [행동]해주세요.	Please feel free to [행동].

? 쌤, 업그레이드 요청하면 무조건 해주나요?
▶ 아뇨, 그건 아니에요! 안 해주는 경우도 있고 혹은 제한된 조건으로 해주는 경우도 있어요. 실제 제이미쌤이 홍콩 호텔에서 겪은 일을 영상으로 담아봤어요.

INPUT 3 · ZOOM IN 한줌영어

주요 표현과 문법을 공부하고, 추가 단어로 다양하게 응용해 보세요. ▶ 23-3.mp3

🔍 ZOOM IN 1. 예약하다

> I made a reservation under Steve Choi.
> 스티브 최 이름으로 예약했어요.

◆ '예약하다'를 뜻하는 영어 표현에는 여러 가지가 있지만, 대표적으로 make a reservation과 make an appointment가 있습니다. '자리'를 예약하는지, 아니면 '(전문가와의) 시간'을 예약하는지에 따라 구분해 쓰죠.
make a reservation은 호텔, 식당, 렌터카 등 **자리나 공간을 예약할 때** 사용합니다. 반면, make an appointment는 병원, 미용실, 변호사 사무실처럼 **전문가와의 시간을 예약할 때** 쓰입니다.

💬 네모 바꿔 끼우기

I made	a reservation (자리) 예약했어요	under [내 이름].
	an appointment (시간) 예약했어요	[내 이름]으로.

🔍 ZOOM IN 2. 예의 바르게 요청하기 ① 혹시 ~해주실 수 있나요?

> Would it be possible for you to upgrade our room by any chance?
> 혹시 룸 업그레이드 해주실 수 있나요?

◆ '~해줄 수 있나요?'를 묻는 패턴은 아주 다양하죠(Can you ~? Could you ~?). 그런데 대화 상황처럼 큰 부탁을 하거나 더 공식적인 자리에서 쓸 수 있는 더 예의 바른 표현이 바로 Would it be possible (for you) to ~?입니다. 해석하면 '~하는 것이 가능할 것 같나요?' 정도로 아주 부드럽고 정중한 느낌을 주죠. ◆ 거기다가 뒤에 by any chance까지 붙이면 더 조심스럽게 요청할 수 있어요. by any chance는 직역하면 '어떤 경우에 따라서, 뭐라도 어떤 경우가 있다면'이라는 의미여서, '혹시'의 뉘앙스까지 더할 수 있습니다.

네모 바꿔 끼우기

Would it be possible (for you) 해주실 수 있나요	to give me a hand with the move 이사 도와주시는 거	by any chance? 혹시?
	to extend the deadline 마감 기한을 미루는 거	

ZOOM IN 3. 편하게 해도 된다고 말하기

> **Please feel free to** call the front desk whenever you have a question .
> 궁금한 거 있으시면 언제든 프론트로 연락 주십시오.

◆ 상대에게 '편하게 ~해도 된다'고 말할 때 <Please feel free + to부정사>를 쓸 수 있어요. 보통 도움을 줄 수 있는/질문에 답해줄 수 있는 사람이 쓰는 표현으로, 상대가 거리낌 없이 무언가를 할 수 있도록 허락하거나 권하는 느낌을 줍니다.

네모 바꿔 끼우기

Please feel free to	give me a call anytime. 언제든지 편하게 전화 주세요.
	reach out if anything comes up. 무슨 일이 생기면 언제든지 편하게 연락하세요.

DAY 24

호텔 체크인 & 업그레이드 ▶ OUTPUT

▶ 관련영상: 어머 이건 외우고 가야 돼

OUTPUT 1

단어 채워 말하기
대화를 잘 듣고 빈칸에 알맞은 단어를 쓰세요.

▶ 24-1.mp3

R: Good evening. Checking in? 안녕하세요. 체크인이신가요?

G: Yes, I _____ a reservation _____ Steve Choi.
네, 스티브 최 이름으로 예약했어요.

R: One moment, please. (…) You _____ seven nights, standard room, one queen bed, no breakfast _____. Is that correct? 잠시만 기다려 주세요. (…) 7박이시고, 퀸베드 하나 있는 스탠다드 룸온리(조식 불포함)로 예약하셨네요. 맞습니까?

G: Yes. Umm, would it be _____ for you to upgrade our room by _____ chance? 네. 아, 혹시 룸 업그레이드 해주실 수 있나요?

R: Let me check. (…) Actually, it is possible! Let me give you a _____ upgrade to a deluxe room.
확인해 보겠습니다. (…) 아, 가능하네요! 디럭스 룸으로 무료 업그레이드 해드릴게요.

G: Yay! Thank you so much! 아싸! 정말 감사해요!

R: Okay, _____, could we have some _____ of ID and a credit card? 좋습니다. 마지막으로 신분증이 될 만한 것(신분증 형태를 띤 것 아무거나 하나)과 신용카드 확인 가능할까요?

G: Sure, _____ you go. 물론이죠. 여기요.

R: Thank you. (…) Okay, here's your room key. Enjoy your stay and please feel _____ to call the front desk _____ you have a question.
감사합니다. (…) 좋아요, 여기 룸키 있습니다. 좋은 시간 보내시고, 궁금한 거 있으시면 언제든 프론트로 (편하게) 연락 주십시오.

구문 채워 말하기

대화를 잘 듣고 빈칸에 알맞은 구문을 쓰세요.

▶ 24-2.mp3

R: Good evening. Checking in? 안녕하세요. 체크인이신가요?

G: Yes, I _____ under Steve Choi.
네, 스티브 최 이름으로 **예약했어요**.

R: One moment, please. (…) You booked seven nights, standard room, one queen bed, no breakfast included. _____?
잠시만 기다려 주세요. (…) 7박이시고, 퀸베드 하나 있는 스탠다드 룸으로(조식 불포함)로 예약하셨네요. **맞습니까?**

G: Yes. Umm, _____ for you to upgrade our room _____?
네. 아, 혹시 룸 업그레이드 **해주실 수 있나요?**

R: Let me check. (…) Actually, it is possible! Let me give you _____ a deluxe room.
확인해 보겠습니다. (…) 아, 가능하네요! 디럭스 **룸으로 무료 업그레이드** 해드릴게요.

G: Yay! Thank you so much! 아싸! 정말 감사해요!

R: Okay, lastly, could we have _____ and a credit card? 좋습니다, 마지막으로 **신분증이 될 만한 것**(신분증 형태를 띤 것 아무거나 하나)과 신용카드 확인 가능할까요?

G: Sure, _____. 물론이죠, 여기요.

R: Thank you. (…) Okay, here's your room key. Enjoy your stay and _____ call the front desk whenever you have a question. 감사합니다. (…) 좋아요, 여기 룸키 있습니다. 좋은 시간 보내시고, 궁금한 거 있으시면 언제든 프론트로 **(편하게)** 연락 **주십시오**.

문장 채워 말하기

대화를 잘 듣고 빈칸에 알맞은 문장을 쓰세요.

▶ 24-3.mp3

R: Good evening. Checking in? 안녕하세요. 체크인이신가요?

G: Yes, _____.
네, 스티브 최 이름으로 예약했어요.

R: One moment, please. (…) You booked seven nights, standard room, one queen bed, no breakfast included. is that correct?
잠시만 기다려 주세요. (…) 7박이시고, 퀸베드 하나 있는 스탠다드 룸온리(조식 불포함)로 예약하셨네요. 맞습니까?

G: Yes. Umm, _____
_____? 네. 아, 혹시 룸 업그레이드 해주실 수 있나요?

R: Let me check. (…) Actually, it is possible! _____
_____.
확인해 보겠습니다. (…) 아, 가능하네요! 디럭스 룸으로 무료 업그레이드 해드릴게요.

G: Yay! Thank you so much! 아싸! 정말 감사해요!

R: Okay, lastly, _____
_____?
좋습니다, 마지막으로 신분증이 될 만한 것(신분증 형태를 띤 것 아무거나 하나)과 신용카드 확인 가능할까요?

G: _____, _____. 물론이죠, 여기요.

R: Thank you. (…) Okay, here's your room key. _____
_____
_____.
감사합니다. (…) 좋아요, 여기 룸키 있습니다. 좋은 시간 보내시고, 궁금한 거 있으시면 언제든 프론트로 연락 주십시오.

3번 반복하고 내 것으로 만들기

원어민과 똑같이 말하기

대화를 들으며 똑같이 따라 말해보세요. 녹음을 하면 더 좋습니다. ▶ 24-4.mp3

R: Good evening. Checking in? 안녕하세요. 체크인이신가요?

G: Yes, I made a reservation under Steve Choi.
네, 스티브 최 이름으로 예약했어요.

R: One moment, please. (…) You booked seven nights, standard room, one queen bed, no breakfast included. Is that correct?
잠시만 기다려 주세요. (…) 7박이시고, 퀸베드 하나 있는 스탠다드 룸온리(조식 불포함)로 예약하셨네요. 맞습니까?

G: Yes. Umm, would it be possible for you to upgrade our room by any chance? 네. 아, 혹시 룸 업그레이드 해주실 수 있나요?

R: Let me check. (…) Actually, it is possible! Let me give you a complimentary upgrade to a deluxe room.
확인해 보겠습니다. (…) 아, 가능하네요! 디럭스 룸으로 무료 업그레이드 해드릴게요.

G: Yay! Thank you so much! 아싸! 정말 감사해요!

R: Okay, lastly, could we have some form of ID and a credit card? 좋습니다, 마지막으로 신분증이 될 만한 것(신분증 형태를 띤 것 아무거나 하나)과 신용카드 확인 가능할까요?

G: Sure, here you go. 물론이죠, 여기요.

R: Thank you. (…) Okay, here's your room key. Enjoy your stay and please feel free to call the front desk whenever you have a question.
감사합니다. (…) 좋아요,. 여기 룸키 있습니다. 좋은 시간 보내시고, 궁금한 거 있으시면 언제든 프론트로 연락 주십시오.

✓ **Self Checklist** 섀도잉하는 내 목소리를 녹음한 후, 녹음본을 들으며 평가해 보세요.

회차별로 평가하기 (A~D로)	1st	2nd	3rd
최대한 똑같은 속도로 따라 했다.			
최대한 정확한 발음과 강세로 따라 했다.			
INPUT에서 공부했던 내용이 기억난다.			

DAY 25

프론트에 전화로 요청하기  INPUT

▶ 관련영상: 어메니티 달라고 왜 말을못해!

INPUT 1 — 귀 쫑긋 상황 파악

대화를 듣고 두 사람이 어떤 말을 주고받고 있는지 파악해 보세요. ▶ 25-1.mp3

R: Front desk, how may I help you?

G: Hi, this is room 302. Would it be possible for you to provide more amenities?

R: Of course. We have shampoo, conditioner, body wash, body lotion, and soap. Which one do you need?

G: **Two of each would be nice.**

R: Okay. Anything else?

G: Oh, and I was wondering when the checkout time was? We paid for the late checkout service.

R: **You would have to check out by 1 pm tomorrow.**

G: Oh, okay. Thank you!

R: Sure thing. We'll bring you the amenities to the room shortly.

G: **Gotcha.** Bye!

귀 쫑긋 입 뻥긋

우리말을 보면서 영어 문장을 따라 해보세요.
(왼쪽 영어 문장을 보면서 따라 읽어도 좋습니다.)

▶ 25-2.mp3

R: 프론트입니다. 무엇을 도와드릴까요?

G: 네, 302호인데요, 어메니티 좀 더 받을 수 있을까요(제공해주실 수 있나요)?

R: 그럼요. 샴푸, 린스, 바디워시, 바디로션, 비누가 있어요. 어떤 게 필요하신가요?

G: 각각 두 개씩 주심 좋을 것 같네요.

R: 알겠습니다. 다른 더 필요한 거 있으신가요?

G: 아, 그리고 체크아웃 시간이 언제였나 해서요. 레이트 체크아웃 신청했어요.

R: 내일 오후 1시 전에 체크아웃 해주시면 됩니다.

G: 아, 네. 감사합니다!

R: 물론입니다. 어메니티는 방으로 얼른 가져다 드릴게요.

G: 알겠어요. 그럼 이만!

주요 표현 힌트 박스

[행동]해주실 수 있나요?	Would it be possible for you to [행동]?
제공하다	provide
각각 두 개씩	two of each
다른 더 필요한 거 있으신가요?	Anything else? (식당, 카페 등에서 손님에게 꼭 물어보는 단골질문! 없다면 That's it. 정도로 대답하면 무난해요.)
~인가 해서요 (공손한 질문법)	I was wondering ~
곧, 얼른	shortly
갖다주다	bring
(전화 상황에서) 그럼 이만! 안녕히 계세요!	Bye!

INPUT 3 — ZOOM IN 한줌영어
주요 표현과 문법을 공부하고, 추가 단어로 다양하게 응용해 보세요. 🔊 25-3.mp3

🔍 ZOOM IN 1. would의 실제 쓰임 ① will 정도의 낮춤 '~일 것 같다'

> **Two of each** would be nice.
> 각각 두개씩이면 좋을 것 같네요.

✧ 'would는 will의 과거형이다'라는 말은 많이 들어봤을 거예요. 그런데 이게 도대체 무슨 말일까요? 앞으로 하나씩 다 파헤쳐볼 텐데요, 오늘은 우선 위 문장에서의 would 쓰임을 볼게요. 영어에서는 조동사의 과거형으로 [시점의 이동]뿐 아니라 [정도의 낮춤]도 표현할 수 있어요. 이 문장에서는 과거형이 쓰였다고 해서 과거 이야기를 하고 있는 것이 아니라([시점의 이동]이 아니라), will 의미('좋을 것이다')의 [정도를 살짝 낮춤]으로써 의미가 부드러워진다는 것이죠('~면 좋을 것 같다'). 호텔 프론트에 요청하고 있는 입장에서 would를 씀으로써 훨씬 부드럽고 포멀한 말투가 되었어요.

🔖 네모 바꿔 끼우기

Pizza for dinner 저녁으로 피자 먹으면	would be nice. 좋을 것 같네요.
A break from all this work 이 모든 업무에서 잠시 벗어나면	

> ❓ 쌤, would를 미리 좀 더 파헤치고 싶어요!
> ▶ 조금 긴 영상이지만 would를 파헤치고 싶을 때 시청해 주세요!
>   완전히 이해가 되도록 해드릴게요 :)

> You would have to check out by 1 pm tomorrow.
> 내일 오후 1시 전에 체크아웃 해주시면 됩니다.

✦ 대화문에서 바로 아래 다른 예시가 나왔네요! 이 경우도 마찬가지로 will 대신 would를 씀으로써 [정도의 낮춤] 효과를 줘요. '~해야 할 것이다' 대신 '**~해야 할 것 같다**' 정도로 말투가 부드러워지죠. 우리말로 자연스럽게 의역해 본다면 '**~해주시면 된다**' 정도가 되겠네요. 그래서 상대에게 정중하게 의무를 부여해줄 수 있어요.

🔍 네모 바꿔 끼우기

You would have to	finish it by five. 5시 전에(늦어도 5시까지) 끝내주시면 됩니다.
	call her beforehand. 그 여자에게 사전에 전화해 주셔야 할 것 같아요.

 **2. 알았다고 대답하기**

> Gotcha!
> 알겠어요!

✦ 안내나 지시 사항을 받았을 때 흔히 Okay!라고만 대답하는 경우가 많은데, okay 말고도 다양한 표현들을 써보세요.

🔍 네모 바꿔 끼우기

formal ↕ informal	• Understood. • Noted. • Got it. • Gotcha! • Sure thing!

DAY 26

프론트에 전화로 요청하기 ▶ OUTPUT

▶ 관련영상: 어메니티 달라고 왜 말을 모태!

OUTPUT 1 | 단어 채워 말하기
대화를 잘 듣고 빈칸에 알맞은 단어를 쓰세요.   ▶ 26-1.mp3

R: Front desk, how _____ I help you?
프론트입니다. 무엇을 도와드릴까요?

G: Hi, this is room 302. _____ it be _____ for you to _____ more amenities?
네, 302호인데요, 어메니티 좀 더 받을(제공해주실) 수 있을까요?

R: Of course. We have shampoo, conditioner, body wash, body lotion, and soap. _____ one do you need?
그럼요. 샴푸, 린스, 바디워시, 바디로션, 비누가 있어요. 어떤 게 필요하신가요?

G: Two of _____ would be nice. 각각 두 개씩 주심 좋을 것 같네요.

R: Okay. Anything _____? 알겠습니다. 다른 더 필요한 거 있으신가요?

G: Oh, and I was _____ when the checkout time was? We _____ for the late checkout service.
아, 그리고 체크아웃 시간이 언제였나 해서요. 레이트 체크아웃 신청했어요(요금을 냈어요).

R: You _____ have to check out _____ 1 pm tomorrow. 내일 오후 1시 전에(늦어도 오후 1시까지) 체크아웃 해주시면 됩니다.

G: Oh, okay. Thank you! 아, 네. 감사합니다!

R: Sure _____. We'll _____ you the amenities to the room _____. 물론입니다. 어메니티는 방으로 얼른 가져다 드릴게요.

G: _____. Bye! 알겠어요. 그럼 이만!

구문 채워 말하기

대화를 잘 듣고 빈칸에 알맞은 구문을 쓰세요.

🔊 26-2.mp3

R: Front desk, how may I help you?
프론트입니다. 무엇을 도와드릴까요?

G: Hi, this is room 302. _____ to _____ more amenities?
네, 302호인데요. 어메니티 좀 더 받을 수 있을까요?

R: Of course. We have shampoo, conditioner, body wash, body lotion, and soap. _____ do you need?
그럼요. 샴푸, 린스, 바디워시, 바디로션, 비누가 있어요. 어떤 게 필요하신가요?

G: _____ would be nice.
각각 두 개씩 주심 좋을 것 같네요.

R: Okay. Anything else?
알겠습니다. 다른 더 필요한 거 있으신가요?

G: Oh, and _____ when the checkout time was? We paid for the late checkout service.
아, 그리고 체크아웃 시간이 언제였나 해서요. 레이트 체크아웃 신청했어요.

R: _____ check out by 1 pm tomorrow.
내일 오후 1시 전에 체크아웃 해주시면 됩니다.

G: Oh, okay. Thank you!
아, 네. 감사합니다!

R: Sure thing. _____ the amenities to the room shortly.
물론입니다. 어메니티는 방으로 얼른 가져다 드릴게요.

G: Gotcha. Bye!
알겠어요. 그럼 이만!

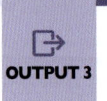

문장 채워 말하기

대화를 잘 듣고 빈칸에 알맞은 문장을 쓰세요.

▶ 26-3.mp3

R: Front desk, how may I help you?
프론트입니다. 무엇을 도와드릴까요?

G: Hi, this is room 302. _____
_____?
네, 302호인데요, 어메니티 좀 더 받을 수 있을까요?

R: Of course. We have shampoo, conditioner, body wash, body lotion, and soap. _____?
그럼요. 샴푸, 린스, 바디워시, 바디로션, 비누가 있어요. 어떤 게 필요하신가요?

G: _____.
각각 두 개씩 주심 좋을 것 같네요.

R: Okay. Anything else?
알겠습니다. 다른 더 필요한 거 있으신가요?

G: Oh, and _____
_____? We paid for the late checkout service.
아, 그리고 체크아웃 시간이 언제였나 해서요. 레이트 체크아웃 신청했어요.

R: _____.
내일 오후 1시 전에 체크아웃 해주시면 됩니다.

G: Oh, okay. Thank you!
아, 네. 감사합니다!

R: Sure thing. _____
_____.
물론입니다. 어메니티는 방으로 얼른 가져다 드릴게요.

G: Gotcha. Bye!
알겠어요. 그럼 이만!

3번 반복하고 내 것으로 만들기

원어민과 똑같이 말하기
대화를 들으며 똑같이 따라 말해보세요. 녹음을 하면 더 좋습니다.

▶ 26-4.mp3

R: Front desk, how may I help you? 프론트입니다. 무엇을 도와드릴까요?

G: Hi, this is room 302. Would it be possible for you to provide more amenities?
네, 302호인데요, 어메니티 좀 더 받을 수 있을까요?

R: Of course. We have shampoo, conditioner, body wash, body lotion, and soap. Which one do you need?
그럼요. 샴푸, 린스, 바디워시, 바디로션, 비누가 있어요. 어떤 게 필요하신가요?

G: Two of each would be nice. 각각 두 개씩 주심 좋을 것 같네요.

R: Okay. Anything else? 알겠습니다. 다른 더 필요한 거 있으신가요?

G: Oh, and I was wondering when the checkout time was? We paid for the late checkout service.
아, 그리고 체크아웃 시간이 언제였나 해서요. 레이트 체크아웃 신청했어요.

R: You would have to check out by 1 pm tomorrow.
내일 오후 1시 전에 체크아웃 해주시면 됩니다.

G: Oh, okay. Thank you! 아, 네. 감사합니다!

R: Sure thing. We'll bring you the amenities to the room shortly. 물론입니다. 어메니티는 방으로 얼른 가져다 드릴게요.

G: Gotcha. Bye! 알겠어요. 그럼 이만!

✓ **Self Checklist** 섀도잉하는 내 목소리를 녹음한 후, 녹음본을 들으며 평가해 보세요.

회차별로 평가하기 (A~D로)	1st	2nd	3rd
최대한 똑같은 속도로 따라 했다.			
최대한 정확한 발음과 강세로 따라 했다.			
INPUT에서 공부했던 내용이 기억난다.			

DAY 27

룸서비스 주문하기 INPUT

▶ 관련영상: 호텔 영어, 근데 뻔한 그 표현들 말고

INPUT 1 귀 쫑긋 상황 파악
대화를 듣고 두 사람이 어떤 말을 주고받고 있는지 파악해 보세요.   ▶ 27-1.mp3

R: Good evening, this is Service Express. My name is Ruby. How may I assist you?

J: Hi, could we order room service here?

R: Oh, yes, you can! … And how many are dining?

J: Uh, two people.

R: Okay, and what can I get for you?

J: Could we get one meat lovers flatbread, and one mac and cheese, please? Yeah, that would be it.

R: What about something to drink?

J: I think we're good.

R: Okay, so one meat lovers flatbread, and one mac and cheese delivered to 1428?

J: Yes.

R: Thank you so much. This may take about 20 to 30 minutes.

J: Twenty minutes sounds great. Thank you!

R: Thank you. Bye-bye.   J: Bye!

INPUT 2

귀 쫑긋 입 뻥긋
우리말을 보면서 영어 문장을 따라 해보세요.
(왼쪽 영어 문장을 보면서 따라 읽어도 좋습니다.)

▶ 27-2.mp3

R: 안녕하세요, 서비스 익스프레스입니다. 제 이름은 루비입니다. **어떻게 도와드릴까요?**

J: 안녕하세요, 여기서 룸서비스 주문할 수 있나요?

R: 아 네, 가능합니다! … 그럼 몇 분이서 **식사하실** 건가요?

J: 음, 두 명이요.

R: 알겠습니다. 그럼 무엇을 주문하시겠어요?

J: 미트러버 플랫브레드 하나 주시고요, 그리고 맥앤치즈 하나 부탁드릴게요. 네, **이 정도면 될 것 같아요.**

R: 음료는요?

J: (음료는) **괜찮을 것 같아요.**

R: 네, 그럼 미트러버 플랫브레드 하나, 맥앤치즈 하나를 1428호실로 보내드리면 될까요?

J: 네.

R: 감사합니다. 약 20분에서 30분 정도 걸릴 수 있어요.

J: 20분, 알겠습니다. 감사합니다!

R: 감사합니다. **안녕히 계세요.**

J: **안녕히 계세요!**

🎁 주요 표현 힌트 박스

어떻게 도와드릴까요?	How may I assist you?
식사하다	dine
이 정도면 될 것 같아요.	That would be it. (That would는 보통 That'd로 축약해서 말하죠.)
(거절의 의미로) 괜찮아요.	I'm good. / We're good.
~할 수 있다	[조동사] may
(전화 상황에서) 안녕히 계세요.	Bye-bye. / Bye.

ZOOM IN 한줌영어
INPUT 3
주요 표현과 문법을 공부하고, 추가 단어로 다양하게 응용해 보세요. ▶ 27-3.mp3

🔍 ZOOM IN 1. 호텔 전화에서의 첫마디

> Good evening, this is Service Express. My name is Ruby. How may I assist you?
>
> 안녕하세요, 서비스 익스프레스입니다. 제 이름은 루비입니다. 어떻게 도와드릴까요?

✦ 호텔방에서 프론트나 룸서비스와 영어로 전화 통화를 하는 것 자체가 마음이 부담스러운데, 첫마디가 잘 안 들리면 더 당황스럽겠죠? 보통은 호텔에서는 전화를 받을 때 곧바로 본인 소개를 하고 '어떻게 도와드리면 될까요?'라는 내용의 말을 아주 빠른 속도로 하는 경우가 대부분이니, 익숙하게 해두고 당황하지 말아요, 우리:)

🔎 네모 바꿔 끼우기

Front desk, how may I help you?	프론트입니다. 무엇을 도와드릴까요?
Thank you for calling. This is Jamie. How can I help you today?	전화주셔서 감사합니다. 저는 제이미입니다. 오늘은 어떻게 도와드릴까요?

🔍 ZOOM IN 2. 상대의 제안/호의에 괜찮다고 답하기

> R: What about something to drink?
> 음료는요? (음료는 무엇을 주문하실 건가요?)
>
> J: I think we're good .
> (음료는) 괜찮을 것 같아요.

✦ 호텔, 식당, 카페 등에서 **직원이 추가 주문을 제안하거나 더 필요한 것이 없냐고 호의를 베풀 때**, No라고만 대답하면 약간 무례하게 느껴질 수 있어요. 그럴 때에는 I'm good.(혼자일 때) 혹은 We're good.(여러 명일 때)이라고 대답하면 됩니다.

🔍 네모 바꿔 끼우기

I think we're	good for now. 지금은 괜찮은 것 같아요. (식사 도중에 웨이터가 더 필요한 것이 없냐고 물을 때 단골 답변)
	good on desserts. 디저트는 괜찮을 것 같아요. (식사 후반에 웨이터가 디저트를 권할 때)

🔎 ZOOM IN 3. 조동사 may의 뉘앙스

R: Thank you so much. This may take about 20 to 30 minutes.

감사합니다. 약 20분에서 30분 정도 걸릴 수 있어요.

J: Twenty minutes sounds great. Thank you!

20분, 알겠습니다. 감사합니다!

✦ 조동사 may는 '가능성'을 표현합니다. 그래서 조동사 will을 쓰거나 be동사를 그대로 쓰는 것보다 말하는 내용을 훨씬 부드럽고 유동적으로 만들 수 있어요. 확실하게 말하거나 약속을 하는 느낌보다는 가능성을 나타내고 있어서 존댓말 느낌을 낼 수도 있습니다. ✦ sounds great는 상대의 정보나 제안에 대해 긍정적인 반응 혹은 동의를 나타낼 때 아주 흔하게 사용되는 표현입니다.

DAY 28
룸서비스 주문하기 OUTPUT

관련영상: 호텔 영어, 근데 뻔한 그 표현들 말고

OUTPUT 1 단어 채워 말하기
대화를 잘 듣고 빈칸에 알맞은 단어를 쓰세요. 28-1.mp3

R: Good evening, this is Service Express. My name is Ruby. How may I _____ you?
안녕하세요, 서비스 익스프레스입니다. 제 이름은 루비입니다. 어떻게 도와드릴까요?

J: Hi, could we _____ room service here?
안녕하세요, 여기서 룸서비스 주문할 수 있나요?

R: Oh, yes, you can! … And how many are _____?
아 네, 가능합니다! … 그럼 몇 분이서 식사하실 건가요?

J: Uh, two people. 음, 두 명이요.

R: Okay, and what can I _____ for you?
알겠습니다. 그럼 무엇을 주문하시겠어요(가져다드릴까요?)?

J: Could we get one meat lovers flatbread, and one mac and cheese, please? Yeah, that _____ be it. 미트러버 플랫브레드 하나 주시고요, 그리고 맥앤치즈 하나 부탁드릴게요. 네, 이 정도면 될 것 같아요.

R: What about _____ to drink? 음료(마실 것)는요?

J: I think we're good. (음료는) 괜찮을 것 같아요.

R: Okay, so one meat lovers flatbread, and one mac and cheese _____ to 1428?
네, 그럼 미트러버 플랫브레드 하나, 맥앤치즈 하나를 1428호실로 보내드리면 될까요?

J: Yes. 네.

R: Thank you so much. This _____ take about 20 to 30 minutes. 감사합니다. 약 20분에서 30분 정도 걸릴 수 있어요.

J: Twenty minutes sounds _____. Thank you!
20분, 알겠습니다(좋습니다). 감사합니다!

R: Thank you. Bye-bye. 감사합니다. 안녕히 계세요.

J: Bye! 안녕히 계세요!

구문 채워 말하기

대화를 잘 듣고 빈칸에 알맞은 구문을 쓰세요.

▶ 28-2.mp3

R: Good evening, this is Service Express. My name is Ruby. How may I assist you?
안녕하세요, 서비스 익스프레스입니다. 제 이름은 루비입니다. 어떻게 도와드릴까요?

J: Hi, could we order room service here?
안녕하세요, 여기서 룸서비스 주문할 수 있나요?

R: Oh, yes, _____! ... And _____ are dining? 아 네, 가능합니다! … 그럼 몇 분이서 식사하실 건가요?

J: Uh, two people. 음, 두 명이요.

R: Okay, and what can I get for you?
알겠습니다. 그럼 무엇을 주문하시겠어요?

J: _____ one meat lovers flatbread, and one mac and cheese, please? Yeah, that would be it. 미트러버 플랫브레드 하나 주시고요, 그리고 맥앤치즈 하나 부탁드릴게요. 네, 이 정도면 될 것 같아요.

R: _____ something to drink? 음료는요?

J: I think we're good. (음료는) 괜찮을 것 같아요.

R: Okay, so one meat lovers flatbread, and one mac and cheese delivered to 1428?
네, 그럼 미트러버 플랫브레드 하나, 맥앤치즈 하나를 1428호실로 보내드리면 될까요?

J: Yes. 네.

R: Thank you so much. This may take about _____.
감사합니다. 약 20분에서 30분 정도 걸릴 수 있어요.

J: Twenty minutes sounds great. Thank you!
20분, 알겠습니다. 감사합니다!

R: Thank you. Bye-bye. 감사합니다. 안녕히 계세요.

J: Bye! 안녕히 계세요!

문장 채워 말하기
대화를 잘 듣고 빈칸에 알맞은 문장을 쓰세요.

▶ 28-3.mp3

R: Good evening, this is Service Express. My name is Ruby. How may I assist you?
안녕하세요, 서비스 익스프레스입니다. 제 이름은 루비입니다. 어떻게 도와드릴까요?

J: Hi, _____?
안녕하세요, 여기서 룸서비스 주문할 수 있나요?

R: Oh, yes, you can! … And _____?
아 네, 가능합니다! … 그럼 몇 분이서 식사하실 건가요?

J: Uh, two people. 음, 두 명이요.

R: Okay, _____?
알겠습니다. 그럼 무엇을 주문하시겠어요?

J: Could we get one meat lovers flatbread, and one mac and cheese, please? Yeah, that would be it. 미트러버 플랫브레드 하나 주시고요, 그리고 맥앤치즈 하나 부탁드릴게요. 네, 이 정도면 될 것 같아요.

R: _____? 음료는요?

J: _____. (음료는) 괜찮을 것 같아요.

R: Okay, so one meat lovers flatbread, and one mac and cheese delivered to 1428?
네, 그럼 미트러버 플랫브레드 하나, 맥앤치즈 하나를 1428호실로 보내드리면 될까요?

J: Yes. 네.

R: Thank you so much. _____
_____.
감사합니다. 약 20분에서 30분 정도 걸릴 수 있어요.

J: _____. Thank you!
20분, 알겠습니다. 감사합니다!

R: Thank you. Bye-bye. 감사합니다. 안녕히 계세요.

J: Bye! 안녕히 계세요!

원어민과 똑같이 말하기

대화를 들으며 똑같이 따라 말해보세요. 녹음을 하면 더 좋습니다. ▶ 28-4.mp3

3번 반복하고 내 것으로 만들기 ✓ ☐ ☐

R: Good evening, this is Service Express. My name is Ruby. How may I assist you?
안녕하세요, 서비스 익스프레스입니다. 제 이름은 루비입니다. 어떻게 도와드릴까요?

J: Hi, could we order room service here?
안녕하세요, 여기서 룸서비스 주문할 수 있나요?

R: Oh, yes, you can! … And how many are dining?
아 네, 가능합니다! … 그럼 몇 분이서 식사하실 건가요?

J: Uh, two people. 음, 두 명이요.

R: Okay, and what can I get for you?
알겠습니다. 그럼 무엇을 주문하시겠어요?

J: Could we get one meat lovers flatbread, and one mac and cheese, please? Yeah, that would be it. 미트러버 플랫브레드 하나 주시고요, 그리고 맥앤치즈 하나 부탁드릴게요. 네, 이 정도면 될 것 같아요.

R: What about something to drink? 음료는요?

J: I think we're good. (음료는) 괜찮을 것 같아요.

R: Okay, so one meat lovers flatbread, and one mac and cheese delivered to 1428?
네, 그럼 미트러버 플랫브레드 하나, 맥앤치즈 하나를 1428호실로 보내드리면 될까요?

J: Yes. 네.

R: Thank you so much. This may take about 20 to 30 minutes.
감사합니다. 약 20분에서 30분 정도 걸릴 수 있어요.

J: Twenty minutes sounds great. Thank you!
20분, 알겠습니다. 감사합니다!

R: Thank you. Bye-bye. 감사합니다. 안녕히 계세요.

J: Bye! 안녕히 계세요.

✓ **Self Checklist** 섀도잉하는 내 목소리를 녹음한 후, 녹음본을 들으며 평가해 보세요.

회차별로 평가하기 (A~D로)	1st	2nd	3rd
최대한 똑같은 속도로 따라 했다.			
최대한 정확한 발음과 강세로 따라 했다.			
INPUT에서 공부했던 내용이 기억난다.			

DAY 29

쇼핑한 옷 반품하기 INPUT

▶ 관련영상: 영어로 사는 것도 어려운데 환불은…

INPUT 1 — 귀 쫑긋 상황 파악

대화를 듣고 두 사람이 어떤 말을 주고받고 있는지 파악해 보세요.   ⏵ 29-1.mp3

E: Good morning, can I help you?

C: Yes, please. **I'd like to return this jacket for a refund.**

E: Sure, I can assist you with that. Is there something wrong with it?

C: No, not at all. It just doesn't fit me very well.

E: **I see, would you like to exchange it for another size?** We have a wide range of sizes.

C: **No, I would just like a refund, please.**

E: No problem at all. Can I see the receipt, please?

C: Here you go.

E: You're all set. The full amount will be refunded to your card in 10-15 business days.

C: Got it. **Really appreciate it!**

귀 쫑긋 입 뻥긋

우리말을 보면서 영어 문장을 따라 해보세요.
(왼쪽 영어 문장을 보면서 따라 읽어도 좋습니다.)

▶ 29-2.mp3

E: 안녕하세요, 도와드릴까요?

C: 네. 이 재킷을 반품하고 환불받고 싶어서요.

E: 알겠습니다, 제가 (그것 관련해서 당신을) 도와드릴게요. 물건에 문제가 있나요?

C: 아니요, 전혀요. 그냥 저한테 잘 안 맞아요.

E: 그렇군요. 다른 사이즈로 교환하시겠어요? 다양한 사이즈들이 많이 있어요.

C: 아니요, 그냥 환불을 받고 싶어요.

E: 전혀 문제없습니다. 영수증을 볼 수 있을까요?

C: 여기요.

E: 다 처리되었습니다. 전액 10-15 영업일 내에 카드로 환불될 거예요.

C: 알겠습니다. 정말 감사해요!

📦 주요 표현 힌트 박스

[공손하게] ~하고 싶다	I would like to V
제가 (그것 관련해서 당신을) 도와드릴게요.	I can assist you with that.
~에 문제가 있나요?	Is there something wrong with ~?
전혀 (아닌)	not at all
[누구]에게 맞다	fit [누구]
A를 B로 교환하다	exchange A for B
다양한	a wide range of
전액	the full amount
영업일	business day
정말 감사해요!	Really appreciate it!

ZOOM IN 한줌영어

INPUT 3 주요 표현과 문법을 공부하고, 추가 단어로 다양하게 응용해 보세요. 🔊 29-3.mp3

🔍 ZOOM IN 1. would의 실제 쓰임 ② 공손한 느낌 장착

> C: I'd like to return this jacket.
> 이 재킷을 반품하고 싶어서요.
>
> E: I see, would you like to exchange it for another size?
> 그렇군요. 다른 사이즈로 교환하시겠어요?
>
> C: No, I would just like a refund, please.
> 아니요, 그냥 환불을 받고 싶어요.

◆ would가 존댓말 느낌을 줄 수 있다는 것을 꼭 알아두면 좋습니다. 특히 would like [무엇] 혹은 would like to [행동]으로 '~면 좋을 것 같다'라는 의미의 패턴으로 정말 많이 쓰여요. 그냥 무작정 외우는 것보다는 '조동사의 과거형'으로 [시점의 이동]뿐 아니라 [정도의 낮춤]도 표현할 수 있다는 것과 연관해서 생각하면 더 와 닿을 거예요. would는 '~일 것 같다'로 해석되기 때문에, 같은 맥락에서 존댓말 느낌도 줄 수 있다는 것이죠! (p.118 Zoom In 1 한 번 더 보고 오기)

🔖 네모 바꿔 끼우기

I'd (I would) like	to introduce myself. 제 소개를 한번 해보겠습니다.
	a glass of wine with the pasta, please. 파스타와 함께 와인 한잔 주문할게요.
Would you like	to upgrade the coverage for your rental car? 렌터카 보험 보장 범위를 업그레이드 하시겠습니까?
	some water while you wait? 기다리시는 동안 물 한잔 드릴까요?

🔍 ZOOM IN 2. 교환/환불 요청하기

> I'd like to return this jacket for a refund.
> 이 재킷을 반품하고 환불받고 싶어서요.

✦ 교환/환불하는 것, 많이 어려우셨죠? 앞으로는 보다 당당할 수 있도록 제가 도와드릴게요. 우선 알고 있으면 좋은 점은, 미국, 캐나다, 영국, 호주 등 영어권 국가들은 우리나라에 비해 교환/환불 정책이 덜 까다로운 편이라는 사실이에요. 아래 표현들도 꼭 연습하셔서 자신감 얻어가시길 바랍니다.

교환 요청	I'd like to exchange this item. 이 물건을 교환하고 싶어요. I'd like to exchange this for a different [size/color]. 이걸 다른 [사이즈/색깔]로 교환하고 싶어요.
환불 요청	I'd like to return this for a refund. 이걸 반품하고 환불받고 싶어요.

🔍 ZOOM IN 3. 감사함 표현하기

> Really appreciate it!
> 정말 감사해요!

✦ 고마운 상대에게 흔히 Thank you!라고만 많이 하게 되는데, 그 외에도 다양한 표현들을 써보세요.

🔍 네모 바꿔 끼우기

formal ↕ informal	• I greatly appreciate your assistance. • Much appreciated. / Really appreciate it! • Thank you so much for your help. • I appreciate it. / Thank you. • Thanks a lot. / Thanks! • Cheers!

135

DAY 30
쇼핑한 옷 반품하기 ▶ OUTPUT

관련영상: 영어로 사는 것도 어려운데 환불은…

OUTPUT 1 | 단어 채워 말하기
대화를 잘 듣고 빈칸에 알맞은 단어를 쓰세요.   ▶ 30-1.mp3

E: Good morning, can I help you? 안녕하세요, 도와드릴까요?

C: Yes, please. I'd _____ to return this jacket for a _____.
네, 이 재킷을 반품하고 환불받고 싶어서요.

E: Sure, I can _____ you with that. Is there something wrong _____ it?
알겠습니다, 제가 (그것 관련해서 당신을) 도와드릴게요. 물건에 문제가 있나요?

C: No, not at _____. It just doesn't _____ me very well.
아니요, 전혀요. 그냥 저한테 잘 안 맞아요.

E: I see, would you like to _____ it _____ another size? We have a wide _____ of sizes.
그렇군요. 다른 사이즈로 교환하시겠어요? 다양한 (범위의) 사이즈들이 많이 있어요.

C: No, I would just like a refund, please.
아니요, 그냥 환불을 받고 싶어요.

E: No problem at _____. Can I see the _____, please?
전혀 문제없습니다. 영수증을 볼 수 있을까요?

C: Here you go. 여기요.

E: You're all _____. The full _____ will be refunded to your card in 10-15 _____ days.
다 처리되었습니다. 전액 10-15 영업일 내에 카드로 환불될 거예요.

C: Got it. Really _____ it! 알겠습니다. 정말 감사해요!

구문 채워 말하기

대화를 잘 듣고 빈칸에 알맞은 구문을 쓰세요.

▶ 30-2.mp3

E: Good morning, can I help you?
안녕하세요, 도와드릴까요?

C: Yes, please. _____ this jacket for a refund.
네. 이 재킷을 반품하고 환불받고 싶어서요.

E: Sure, I can assist _____. Is there something wrong with it?
알겠습니다, 제가 (그것 관련해서 당신을) 도와드릴게요. 물건에 문제가 있나요?

C: No, _____. It just _____.
아니요, 전혀요. 그냥 저한테 잘 안 맞아요.

E: I see, _____ exchange it for another size? We have _____ sizes.
그렇군요. 다른 사이즈로 교환하시겠어요? 다양한 사이즈들이 많이 있어요.

C: No, _____ a refund, please.
아니요, 그냥 환불을 받고 싶어요.

E: No problem at all. Can I _____, please?
전혀 문제없습니다. 영수증을 볼 수 있을까요?

C: Here you go.
여기요.

E: You're all set. The full amount _____ your card in 10-15 business days.
다 처리되었습니다. 전액 10-15 영업일 내에 카드로 환불될 거예요.

C: Got it. Really appreciate it!
알겠습니다. 정말 감사해요!

OUTPUT 3 문장 채워 말하기
대화를 잘 듣고 빈칸에 알맞은 문장을 쓰세요.
▶ 30-3.mp3

E: Good morning, can I help you?
안녕하세요, 도와드릴까요?

C: Yes, please. _____
_____.
네, 이 재킷을 반품하고 환불받고 싶어서요.

E: Sure, I can assist you with that. _____
_____?
알겠습니다, 제가 (그것 관련해서 당신을) 도와드릴게요. 물건에 문제가 있나요?

C: No, not at all. _____.
아니요, 전혀요. 그냥 저한테 잘 안 맞아요.

E: I see, _____?
We have a wide range of sizes.
그렇군요. 다른 사이즈로 교환하시겠어요? 다양한 사이즈들이 많이 있어요.

C: No, _____, please.
아니요, 그냥 환불을 받고 싶어요.

E: No problem at all. Can I see the receipt, please?
전혀 문제없습니다. 영수증을 볼 수 있을까요?

C: Here you go.
여기요.

E: You're all set. _____
_____.
다 처리되었습니다. 전액 10-15 영업일 내에 카드로 환불될 거예요.

C: Got it. _____!
알겠습니다. 정말 감사해요!

원어민과 똑같이 말하기

대화를 들으며 똑같이 따라 말해보세요. 녹음을 하면 더 좋습니다. ▶ 30-4.mp3

E: Good morning, can I help you? 안녕하세요, 도와드릴까요?

C: Yes, please. I'd like to return this jacket for a refund.
네. 이 재킷을 반품하고 환불받고 싶어서요.

E: Sure, I can assist you with that. Is there something wrong with it?
알겠습니다, 제가 (그것 관련해서 당신을) 도와드릴게요. 물건에 문제가 있나요?

C: No, not at all. It just doesn't fit me very well.
아니요, 전혀요. 그냥 저한테 잘 안 맞아요.

E: I see, would you like to exchange it for another size? We have a wide range of sizes.
그렇군요. 다른 사이즈로 교환하시겠어요? 다양한 사이즈들이 많이 있어요.

C: No, I would just like a refund, please.
아니요, 그냥 환불을 받고 싶어요.

E: No problem at all. Can I see the receipt, please?
전혀 문제없습니다. 영수증을 볼 수 있을까요?

C: Here you go. 여기요.

E: You're all set. The full amount will be refunded to your card in 10-15 business days.
다 처리되었습니다. 전액 10-15 영업일 내에 카드로 환불될 거예요.

C: Got it. Really appreciate it! 알겠습니다. 정말 감사해요!

✓ **Self Checklist** 섀도잉하는 내 목소리를 녹음한 후, 녹음본을 들으며 평가해 보세요.

회차별로 평가하기 (A~D로)	1st	2nd	3rd
최대한 똑같은 속도로 따라 했다.			
최대한 정확한 발음과 강세로 따라 했다.			
INPUT에서 공부했던 내용이 기억난다.			

- ▶ 카페 먹방 다이얼로그
- ▶ 스벅의 인기 비결
- ▶ 종이 빨대 논란
- ▶ 카공의 진짜 이유
- ▶ 카페 주문하기

본 책에 수록된 영어 문장은 학습자의 정확한 영어회화 학습을 위해 쇼츠 영상 속 대화를 재구성한 것입니다. 실제 대화와 다소 차이가 있을 수 있음을 알려드립니다.

카페 영어
Cafe English

DAY 31
카페 먹방 다이얼로그 INPUT

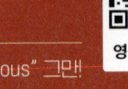 관련영상: 맛있을 때 "Delicious" 그만!

INPUT 1 — 귀 쫑긋 상황 파악
대화를 듣고 두 사람이 어떤 말을 주고받고 있는지 파악해 보세요.   ▶ 31-1.mp3

S: Hey, Jamie. How's the coffee?

J: Mmmm, so soft and creamy, like always.

S: Yeah, the atmosphere here is super cozy and inviting, too.

J: Mm-hmm, I come here every day. Nah, not every day. Pretty much every day. And they have milk alternatives. I switched to soy milk.

S: Nice! (…) Let me take a picture of the food fir… (…) lol, umm, how's the food?

J: Mmmm, it's full of flavors. I can taste each ingredient in it. It's really good.

S: Okay… Let me…have a bite.

귀 쫑긋 입 뻥긋
우리말을 보면서 영어 문장을 따라 해보세요.
(왼쪽 영어 문장을 보면서 따라 읽어도 좋습니다.)

▶ 31-2.mp3

S: 제이미, 커피 어때?

J: 음~, 늘 그렇듯이 완전 부드럽고 크리미해.

S: 어, 여기 분위기도 완전 아늑하고 사람 편하게 해주네.

J: 응, 나 요기 맨날 와. 아니, 맨날은 아니고. 거의 맨날. 그리고 여기 우유 변경돼. 난 두유로 바꿨어.

S: 좋네! (…) 음식 사진 하나 먼저 찍… (…) ㅋㅋㅋ, 어, 음식은 어때?

J: 음~, 맛이 완전 풍부해. 재료 맛이 하나하나 느껴져. 넘 맛있어.

S: 그렇구나… 이제 나도… 한입 먹자.

🎁 주요 표현 힌트 박스

늘 그렇듯이	like always
분위기	atmosphere
아늑한	cozy
사람을 편안하게 하는	inviting
거의	pretty much
우유 대체품	milk alternative
~로 바꾸다	switch to (변화시킨다기보다는 맞바꿀 때)
맛이 (완전) 풍부하다	be full of flavors
재료	ingredient
한입 먹다	have a bite

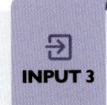

INPUT 3 — ZOOM IN 한줌영어
주요 표현과 문법을 공부하고, 추가 단어로 다양하게 응용해 보세요. ▶ 31-3.mp3

🔍 ZOOM IN 1. 음료의 맛 표현해보기

So **soft** and **creamy**, like always.

늘 그렇듯이 완전 부드럽고 크리미해.

✦ creamy는 단어만 보면 왠지 휘핑크림이 있는 음료에 써야 할 것 같지만, 사실은 크림이 없는 음료에도 **부드러운 느낌을 표현할 때** 충분히 쓸 수 있는 형용사랍니다. 네모 안의 형용사 대신 아래 단어들을 넣어서 최근에 내가 마신 음료 맛을 설명해 보세요.

💬 네모 바꿔 끼우기

bitter	쓴 맛/향 (↔ sweet)
bold	강하고 깊이 있는 맛/향 (↔ mild)
acidic [əsídik]	산미가 강한 맛/향
frothy [frɔ́ːθi]	거품이 많고 부드럽게 퍼지는 질감
refreshing	상쾌하고 기운이 나게 하는 맛/질감

🔍 ZOOM IN 2. 장소의 분위기를 표현해보기 ①

The atmosphere here is super **cozy** and **inviting**.

여기 분위기도 완전 아늑하고 사람 편하게 해주네.

✦ inviting은 invite(초대하다) 동사가 변형된 현재분사 형태입니다. 현재분사는 동사에 -ing가 붙어서 해당 액션을 능동적으로 한다는 의미를 가진 형용사예요. 그래서 inviting은 해당 장소가 마치 우리를 초대하는 듯이 편한 분위기를 가지고 있음을 표현할 수 있죠. 우리가 그 공간에 속한 것처럼 **마음을 편하게 만들어준다**는 의미입니다. 네모 부분에 다양한 단어를 넣어 최근에 내가 갔던 카페의 분위기를 설명해 보세요.

🔍 네모 바꿔 끼우기

quiet [kwáiət]	차분하고 조용한 분위기 ⊘ quite [kwait] 꽤, 아주
peaceful / serene [səríːn]	차분하고 평화로운 분위기
lively	에너지가 넘치고 활기찬 분위기
modern	깔끔하고 현대적인 분위기
old-fashioned	(추억을 불러일으키거나 전통적인 매력을 풍기는) 예스러운 분위기

🔎 ZOOM IN 3. 음료에 들어가는 재료 변경해보기

> And they have milk alternatives. I switched to soy milk .
> 그리고 여기 우유 변경돼. 난 두유로 바꿨어.

✦ 갑자기 they가 주어로 나와서 당황하셨죠? 사실 they는 '그들'로 해석되지 않는 경우가 많다는 사실! 일반적으로 식당, 카페, 기관, 기업, 국가, 도시를 이야기할 때는 they를 주어로 사용해요. ✦ 영미권에는 우유 변경이 되는 카페가 많고, 종류도 더 다양한 편이죠. 그래서 우유를 못 마시는 분은 주문할 때 Do you have milk alternatives? 혹은 Do you have non-dairy options?라고 대체할 수 있는 종류를 물어보고, 정해둔 것이 있다면 Can I switch to + 우유대체품 표현?으로 요청하면 됩니다. 우리의 취향은 소중하니까요.

🔍 네모 바꿔 끼우기: 우유 대체품 표현

oat milk	귀리 우유
coconut milk	코코넛 우유
1% milk, 2% milk / skim milk	저지방 우유 / 무지방 우유 (지방 함량: 일반 우유는 3.5% / 저지방 우유 1-2% / 무지방 우유 0.5% 미만)
half and half	크림 반 우유 반

DAY 32

카페 먹방 다이얼로그 ▶ OUTPUT

▶ 관련영상: 맛있을 때 "Delicious" 그만!

OUTPUT 1 — 단어 채워 말하기
대화를 잘 듣고 빈칸에 알맞은 단어를 쓰세요.

▶ 32-1.mp3

S: Hey, Jamie. How's the coffee?
제이미, 커피 어때?

J: Mmmm, so _____ and _____, _____.
음~, 늘 그렇듯이 완전 부드럽고 크리미해.

S: Yeah, the _____ here is super _____ and _____, too.
어, 여기 분위기도 완전 아늑하고 사람 편하게 해주네.

J: Mm-hmm, I come here every day. Nah, not every day. Pretty much every day. And they have milk _____. I _____ to _____ milk.
응, 나 요기 맨날 와. 아니, 맨날은 아니고 거의 맨날. 그리고 여기 우유 변경돼. 난 두유로 바꿨어.

S: Nice! (…) Let me take a picture of the food fir… (…) lol, umm, how's the food?
좋네! (…) 음식 사진 하나 먼저 찍… (…) ㅋㅋㅋ, 어, 음식은 어때?

J: Mmmm, it's full of _____. I can taste each _____ in it. It's really good.
음~, 맛이 완전 풍부해. 재료 맛이 하나하나 느껴져. 넘 맛있어.

S: Okay… Let me…have a _____.
그렇구나… 이제 나도… 한입 먹자.

구문 채워 말하기

대화를 잘 듣고 빈칸에 알맞은 구문을 쓰세요.

🔊 32-2.mp3

S: Hey, Jamie. How's the coffee?
제이미, 커피 어때?

J: Mmmm, _____, _____.
음~, 늘 그렇듯이 완전 부드럽고 크리미해.

S: Yeah, the _____ here is _____, too.
어, 여기 분위기도 완전 아늑하고 사람 편하게 해주네.

J: Mm-hmm, I come here every day. Nah, not every day. _____ every day. And _____. I _____.
응, 나 요기 맨날 와. 아니, 맨날은 아니고 거의 맨날. 그리고 여기 우유 변경돼. 난 두유로 바꿨어.

S: Nice! (…) Let me take a picture of the food fir… (…) lol, umm, how's the food?
좋네! (…) 음식 사진 하나 먼저 찍… (…) ㅋㅋㅋ, 어, 음식은 어때?

J: Mmmm, it's _____. I can taste each _____ in it. It's _____.
음~, 맛이 완전 풍부해. 재료 맛이 하나하나 느껴져. 넘 맛있어.

S: Okay… Let me…_____.
그렇구나… 이제 나도… 한입 먹자.

147

OUTPUT 3

문장 채워 말하기 🔊
대화를 잘 듣고 빈칸에 알맞은 문장을 쓰세요.

▶ 32-3.mp3

S: Hey, Jamie. _____?
제이미, 커피 어때?

J: Mmmm, _____, _____.
음~, 늘 그렇듯이 완전 부드럽고 크리미해.

S: Yeah, _____,
too.
어, 여기 분위기도 완전 아늑하고 사람 편하게 해주네.

J: Mm-hmm, I _____. Nah, not every day.
_____. And _____.
_____.
응, 나 요기 맨날 와. 아니, 맨날은 아니고 거의 맨날. 그리고 여기 우유 변경돼. 난 두유로 바꿨어.

S: Nice! (…) Let me take a picture of the food fir… (…) lol,
umm, _____?
좋네! (…) 음식 사진 하나 먼저 찍… (…) ㅋㅋㅋ, 어, 음식은 어때?

J: Mmmm, _____. I can _____.
It's _____.
음~, 맛이 완전 풍부해. 재료 맛이 하나하나 느껴져. 넘 맛있어.

S: Okay… _____.
그렇구나… 이제 나도… 한입 먹자.

3번 반복하고 내 것으로 만들기

원어민과 똑같이 말하기

대화를 들으며 똑같이 따라 말해보세요. 녹음을 하면 더 좋습니다.

▶ 32-4.mp3

S: Hey, Jamie. How's the coffee?
제이미, 커피 어때?

J: Mmmm, so soft and creamy, like always.
음~, 늘 그렇듯이 완전 부드럽고 크리미해.

S: Yeah, the atmosphere here is super cozy and inviting, too.
어, 여기 분위기도 완전 아늑하고 사람 편하게 해주네.

J: Mm-hmm, I come here every day. Nah, not every day. Pretty much every day. And they have milk alternatives. I switched to soy milk.
응, 나 요기 맨날 와. 아니, 맨날은 아니고. 거의 맨날. 그리고 여기 우유 변경돼. 난 두유로 바꿨어.

S: Nice! (…) Let me take a picture of the food fir… (…) lol, umm, how's the food?
좋네! (…) 음식 사진 하나 먼저 찍… (…) ㅋㅋㅋ, 어, 음식은 어때?

J: Mmmm, it's full of flavors. I can taste each ingredient in it. It's really good.
음~, 맛이 완전 풍부해. 재료 맛이 하나하나 느껴져. 넘 맛있어.

S: Okay… Let me…have a bite.
그렇구나… 이제 나도… 한입 먹자.

✓ **Self Checklist** 섀도잉하는 내 목소리를 녹음한 후, 녹음본을 들으며 평가해 보세요.

회차별로 평가하기 (A~D로)	1st	2nd	3rd
최대한 똑같은 속도로 따라 했다.			
최대한 정확한 발음과 강세로 따라 했다.			
INPUT에서 공부했던 내용이 기억난다.			

DAY 33

스벅의 인기 비결 INPUT

▶ 관련영상: 맛있어서 아님

INPUT 1 — 귀 쫑긋 상황 파악
대화를 듣고 두 사람이 어떤 말을 주고받고 있는지 파악해 보세요.　　● 33-1.mp3

J: (sigh) I love the AC. You know why I love coming to Starbucks when we're traveling? … Cuz it feels like home… Whichever city you're in, Starbucks makes you feel like home. Like, same interior, same taste. I wouldn't say it's the best, but you know what to expect.

S: Yeah, I mean, you get the same deal every time.

귀 쫑긋 입 뻥긋

우리말을 보면서 영어 문장을 따라 해보세요.
(왼쪽 영어 문장을 보면서 따라 읽어도 좋습니다.)

▶ 33-2.mp3

J: (한숨 돌리며) 하… 에어컨 넘 좋아. 여행할 때 내가 스타벅스 오는 거 왜 좋아하는지 알아? …
집에 온 느낌이잖아… 우리가 어느 도시에 있든지 간에, 스타벅스는 집(고향)에 있는(엄청 익숙하고 편한) 느낌을 주지. 그, 인테리어도 똑같고, 맛도 똑같고. 최고로 맛있다고 하긴 좀 그런데, 예상에서 벗어나진 않잖아.

S: 그치, 내 말은, 아무래도 매번 똑같은 걸 누릴 수 있으니까.

📦 주요 표현 힌트 박스

에어컨	AC (줄임말이며, 원래 단어는 air conditioner)
집에 온 느낌이다 (익숙하고 편하다)	feel like home
우리가 어느 [명사]에 있든지간에	whichever ~ you're in
인테리어	interior [ɪntíəriər]
[절]이라고 하긴 좀 그런데, (~라고 말하지는 않을 것 같긴 한데,)	I wouldn't say ~, but …
예상에서 벗어나지 않는다	you know what to expect
내 말은, (추임새)	I mean,

ZOOM IN 한줌영어
INPUT 3 — 주요 표현과 문법을 공부하고, 추가 단어로 다양하게 응용해 보세요. ▶ 33-3.mp3

🔍 ZOOM IN 1. 장소의 분위기를 표현해보기 ②

> It feels like home .
> 집에 온 느낌이야. (엄청 익숙하고 편한 느낌이야.)

◆ It feels like 뒤에는 명사를 넣어서, '[명사]같은 느낌이야'라는 의미를 가집니다. Day 31에서 배웠던 분위기 표현 문장 The atmosphere here is super cozy and inviting.에는 형용사를 넣을 수 있었죠. 그런데 장소의 분위기가 특정 '명사'가 비교되어 떠오른다면 이번 표현을 활용해 보세요.

💬 네모 바꿔 끼우기

paradise	파라다이스
a foreign country	외국
a sanctuary [sǽŋktʃuèri]	안식처

🔍 ZOOM IN 2. ~에 있든지 간에

> Whichever city you're in, Starbucks makes you feel like home .
> 우리가 어느 도시에 있든지 간에, 스타벅스는 집(고향)에 있는 느낌을 주지.

◆ whichever은 '어느 [명사]이든지'라는 의미를 가지면서 뒤에 오는 명사를 수식하는 형용사 역할을 하고 있죠. 그런데 뒤에 전치사 in이 붙으면서 '**주어가 어느 [명사] (안)에 있든지 간에**'라는 의미로 구체화되었습니다. ◆ 또, Whichever절에서 주어는 you로 쓰였는데, 해석은 '우리'로 되어서 의아하셨나요? 영어 문장에서는 you가 '너(청자)'를 의미하지 않을 때도 많습니다. 이때는 you가 특정 개인을 가리키지 않고, 보통은 상

대방도 포함될 수 있는 '일반적인 사람들'을 의미하게 됩니다. 그래서 자연스럽게 '우리'로 의역되었어요.

🔍 네모 바꿔 끼우기

Whichever 어느	room 방에	you're in, 있든지 간에,	make sure to open the window. 창문 여는 거 잊지 마.
	country 나라에		I'm gonna visit. 내가 방문할 거야.

🔎 ZOOM IN 3. 부드럽게 내 의견 말하기
① 약간의 부정적 평가를 더해서 말할 때

> I wouldn't say it's the best , but you know what to expect .
> 최고로 맛있다고 하긴 좀 그런데, 예상에서 벗어나진 않잖아.

✦ 어떤 것에 대한 나의 의견을 이야기할 때 무조건 '최고야!'라고 하는 것보다, 약간의 부정적 평가를 가미하여 더 부드럽고 설득력 있게 의견 피력을 할 수 있다고 하는데, 영어에서도 마찬가지입니다.
I wouldn't say 절1 [다소 부정적인 평가], but 절2 [나의 의견] 형태로 말해보세요.

🔍 네모 바꿔 끼우기

I wouldn't say ~라고 말하긴 좀 그렇다	it's my favorite 나의 최애이다	, but 하지만	the atmosphere here is super cozy and inviting. 여기 분위기 완전 아늑하고 마음 편하게 해줘.
	it's perfect 완벽하다		it's soft and creamy. 부드럽고 크리미해.

DAY 34

스벅의 인기 비결 ▷ OUTPUT

▶ 관련영상: 맛있어서 아님

OUTPUT 1 — 단어 채워 말하기 🎧
대화를 잘 듣고 빈칸에 알맞은 단어를 쓰세요.   ▶ 34-1.mp3

J: (sigh) I love the _____. You know why I love coming to Starbucks when we're traveling?
(한숨 돌리며) 하… 에어컨 넘 좋아. 여행할 때 내가 스타벅스 오는 거 왜 좋아하는지 알아?

J: Cuz it feels _____ home… _____ city you're ___, Starbucks makes you feel like home.
집에 온(집 같은) 느낌이잖아… 우리가 어느 도시에 있든지 간에, 스타벅스는 집(고향)에 있는 (엄청 익숙하고 편한) 느낌을 주지.

J: Like, same _____, same taste.
그, 인테리어도 똑같고, 맛도 똑같고.

J: I _____ say it's the best, _____ you know what to _____.
최고로 맛있다고 하긴 좀 그런데, 예상(하는 것)에서 벗어나진 않잖아.

S: Yeah, I _____, you get the same deal every time.
그치, 내 말은, 아무래도 매번 똑같은 걸 누릴 수 있으니까.

구문 채워 말하기
대화를 잘 듣고 빈칸에 알맞은 구문을 쓰세요.

● 34-2.mp3

J: (sigh) I _____. You know why I love coming to Starbucks when we're traveling?
(한숨 돌리며) 하… 에어컨 넘 좋아. 여행할 때 내가 스타벅스 오는 거 왜 좋아하는지 알아?

J: Cuz it _____… _____ city _____, Starbucks makes you feel like home.
집에 온 느낌이잖아… 우리가 어느 도시에 있든지 간에, 스타벅스는 집(고향)에 있는(엄청 익숙하고 편한) 느낌을 주지.

J: Like, _____, same taste.
그, 인테리어도 똑같고, 맛도 똑같고.

J: _____ it's _____, _____ you know _____.
최고로 맛있다고 하긴 좀 그런데, 예상(하는 것)에서 벗어나진 않잖아.

S: Yeah, _____, you get the same deal every time.
그치, 내 말은, 아무래도 매번 똑같은 걸 누릴 수 있으니까.

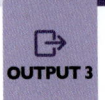

문장 채워 말하기

대화를 잘 듣고 빈칸에 알맞은 문장을 쓰세요.

34-3.mp3

J: (sigh) _____. You know _____ when we're traveling?
(한숨 돌리며) 하… 에어컨 넘 좋아. 여행할 때 내가 스타벅스 오는 거 왜 좋아하는지 알아?

J: _____…
_____, _____
_____.
집에 온 느낌이잖아… 우리가 어느 도시에 있든지 간에, 스타벅스는 집(고향)에 있는(엄청 익숙하고 편한) 느낌을 주지.

J: Like, _____, _____.
그, 인테리어도 똑같고, 맛도 똑같고.

J: _____, _____
_____.
최고로 맛있다고 하긴 좀 그런데, 예상에서 벗어나진 않잖아.

S: Yeah, _____, you get the same deal every time.
그치, 내 말은, 아무래도 매번 똑같은 걸 누릴 수 있으니까.

3번 반복하고 내 것으로 만들기

원어민과 똑같이 말하기

대화를 들으며 똑같이 따라 말해보세요. 녹음을 하면 더 좋습니다.

▶ 34-4.mp3

J: (sigh) I love the AC. You know why I love coming to Starbucks when we're traveling?
(한숨 돌리며) 하… 에어컨 넘 좋아. 여행할 때 내가 스타벅스 오는 거 왜 좋아하는지 알아?

J: Cuz it feels like home… Whichever city you're in, Starbucks makes you feel like home.
집에 온 느낌이잖아… 우리가 어느 도시에 있든지 간에, 스타벅스는 집(고향)에 있는(엄청 익숙하고 편한) 느낌을 주지.

J: Like, same interior, same taste.
그, 인테리어도 똑같고, 맛도 똑같고.

J: I wouldn't say it's the best, but you know what to expect.
최고로 맛있다고 하긴 좀 그런데, 예상에서 벗어나진 않잖아.

S: Yeah, I mean, you get the same deal every time.
그치, 내 말은, 아무래도 매번 똑같은 걸 누릴 수 있으니까.

✓ **Self Checklist** 섀도잉하는 내 목소리를 녹음한 후, 녹음본을 들으며 평가해 보세요.

회차별로 평가하기 (A~D로)	1st	2nd	3rd
최대한 똑같은 속도로 따라 했다.			
최대한 정확한 발음과 강세로 따라 했다.			
INPUT에서 공부했던 내용이 기억난다.			

157

DAY 35

종이 빨대 논란 INPUT

관련영상: '눅눅해서 싫어' 영어로?

INPUT 1 — 귀 쫑긋 상황 파악

대화를 듣고 두 사람이 어떤 말을 주고받고 있는지 파악해 보세요. 35-1.mp3

S: **What do you think about the paper straw?**

J: It's already…is very soggy. I can actually taste the paper a little bit.

S: Yeah, I hate them.

J: One of my subscribers actually requested a video to talk about these paper straws. **She said she hated them.**

S: I think we should all use something similar…not paper straws, but it's like that biodegradable straw that's kinda harder, and it doesn't get as soggy as this.

J: Yeah, I think that it's…corn straw?

S: **Something like that.** Korea uses them here and there.

귀 쫑긋 입 뻥긋

INPUT 2

우리말을 보면서 영어 문장을 따라 해보세요.
(왼쪽 영어 문장을 보면서 따라 읽어도 좋습니다.)

▶ 35-2.mp3

S: 그 종이 빨대에 대해서 어떻게 생각해?

J: 이미… 굉장히 눅눅해. 실제로 종이 맛이 조금 나.

S: 그니까, 진짜 싫어.

J: 사실 구독자 중 한 분이 이런 종이 빨대에 대해서 얘기하는 영상을 요청해 주셨거든. 그분도 (종이 빨대가) 너무 싫대.

S: 우리 다 그런 거 비슷한 거 있잖아… 종이 빨대 말고, 그 좀 더 단단하고 이것처럼 눅눅해지지 않는 생분해성 빨대 같은 거 써야 돼.

J: 응, 아마… 옥수수 빨대?

S: 뭐 그런 걸 거야. 한국에서는 종종 사용하더라.

📦 주요 표현 힌트 박스

[명사]에 대해서 어떻게 생각해?	What do you think about [명사]?
눅눅한	soggy
구독자 중 한 분	one of [누구's] subscribers
요청하다	request
생분해성의	biodegradable [bàioudigréidəbl]
뭐 그런 걸 거야.	Something like that.
종종 (여기 저기서)	here and there

ZOOM IN 한줌영어

주요 표현과 문법을 공부하고, 추가 단어로 다양하게 응용해 보세요. ▶ 35-3.mp3

🔍 ZOOM IN 1. 상대의 생각/의견 묻기

> What do you think about the paper straw ?
> 그 종이 빨대에 대해서 어떻게 생각해?

✦ 우리말로는 '**어떻게**' 생각하냐고 묻기 때문에 How do you think about ~?으로 잘못 생각하는 경우가 많아요. 그런데 사실 이 질문은 '방법'을 묻는 것이 아니라 '어떤' 생각을 하는지, 즉 '**무엇**'을 묻는 질문이기 때문에 의문사 how가 아닌 **what**을 써야 해요. about 뒤에는 명사 형태로 쓰면 됩니다.

💬 네모 바꿔 끼우기

the plan	(특정된, 화자도 알고 청자도 아는 그) 계획
this cafe's atmosphere	이 카페의 분위기
having a second child	둘째 갖는 것 ⚠ 동사는 -ing를 붙여서 동명사로 바꿔주기!

🔍 ZOOM IN 2. 과거에 들은 말 전달하기

> She said she hated them .
> 그녀는 them이 싫다고 말했어(싫대).

✦ 과거에 들은 말을 전달할 때, 네모 부분에 말한 내용을 that절로 넣으면 됩니다. 그런데 여기서 중요한 것은 말한 내용의 시제인데요, '**말했다**'를 의미하는 **동사**(위 문장에서는 said)**의 시제와 맞춰주는 것이 정석**입니다. 말한 내용은 어디까지나 말한 순간을 기준으로 유효한 내용이기 때문이죠.

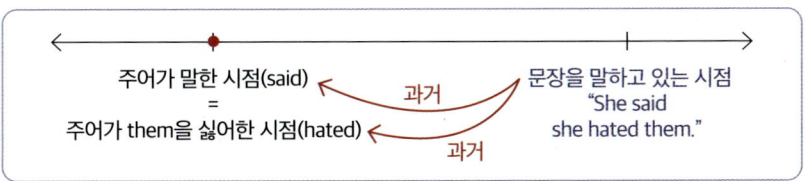

🔍 네모 바꿔 끼우기

She said	it **was** easy. 그녀는 it이 쉽다고 말했어.
You said	you **liked** me! 네가 나 좋아한다고 말했잖아!

🔎 ZOOM IN 3. 정확히 생각나지 않을 때 얼버무리기

> **Something like that.**
> 뭐 그런 걸 거야. (대충 그런 거야.)

✧ '대략 그런 것' 혹은 '그런 무언가'라는 의미로, 정확한 것을 명시하기 어려울 때 쓸 수 있는 표현이에요. 딱 맞는 말이 생각나지 않고 비슷한 말만 생각날 때 사용합니다.

📋 예시 다이얼로그 읽어보기

> A: What kind of coffee do you like?
> B: I like bitter coffee.
> A: Wow, an espresso?
> B: **Something like that.**
>
> A: 어떤 종류의 커피 좋아해? / B: 난 쓴 커피 좋아해. / A: 와, 에스프레소? / B: **뭐, 그런 느낌.**

DAY 36
종이 빨대 논란 ▶ OUTPUT

▶ 관련영상: '눅눅해서 싫어' 영어로?

OUTPUT 1 — 단어 채워 말하기
대화를 잘 듣고 빈칸에 알맞은 단어를 쓰세요.   ● 36-1.mp3

S: _____ do you think _____ the paper _____?
그 종이 빨대에 대해서 어떻게 생각해?

J: It's already…is very _____. I can actually taste the paper a little bit.
이미… 굉장히 눅눅해. 실제로 종이 맛이 조금 나.

S: Yeah, I _____ them.
그니까, 진짜 싫어.

J: One of my _____ actually _____ a video to talk about these paper straws. She _____ she hated them.
사실 구독자 중 한 분이 이런 종이 빨대에 대해서 얘기하는 영상을 요청해 주셨거든. 그분도 (종이 빨대가) 너무 싫대.

S: I think we should all use something similar…not paper straws, but it's like that _____ straw that's kinda harder, and it doesn't get as _____ as this.
우리 다 그런 거 비슷한 거 쓰잖아… 종이 빨대 말고, 그 좀 더 단단하고 이것처럼 눅눅해지지 않는 생분해성 빨대 같은 거 써야 돼.

J: Yeah, I think that it's…corn straw?
응, 아마… 옥수수 빨대?

S: _____ like that. Korea uses them _____ and _____.
뭐 그런 걸 거야. 한국에서는 종종 사용하더라.

162

구문 채워 말하기

대화를 잘 듣고 빈칸에 알맞은 구문을 쓰세요.

36-2.mp3

S: _____ the paper _____?
그 종이 빨대에 대해서 어떻게 생각해?

J: It's already…_____. I can actually taste the paper a little bit.
이미… 굉장히 눅눅해. 실제로 종이 맛이 조금 나.

S: Yeah, _____.
그니까, 진짜 싫어.

J: _____ actually _____ to talk about these paper straws. She _____ she _____.
사실 구독자 중 한 분이 이런 종이 빨대에 대해서 얘기하는 영상을 요청해 주셨거든. 그분도 (종이 빨대가) 너무 싫대.

S: I think we should all use something similar…not paper straws, but it's like that _____ that's kinda harder, and it doesn't _____.
우리 다 그런 거 비슷한 거 써야 있잖아… 종이 빨대 말고, 그 좀 더 단단하고 이것처럼 눅눅해지지 않는 생분해성 빨대 같은 거 써야 돼.

J: Yeah, I think that it's…corn straw?
응, 아마… 옥수수 빨대?

S: _____. Korea uses them _____.
뭐 그런 걸 거야. 한국에서는 종종 사용하더라.

OUTPUT 3   **문장 채워 말하기** 🎧
대화를 잘 듣고 빈칸에 알맞은 문장을 쓰세요.　　　　▶ 36-3.mp3

S: _____?
그 종이 빨대에 대해서 어떻게 생각해?

J: It's already…_____. I can actually taste the paper a little bit.
이미… 굉장히 눅눅해. 실제로 종이 맛이 조금 나.

S: Yeah, _____.
그니까, 진짜 싫어.

J: _____
_____. _____.
사실 구독자 중 한 분이 이런 종이 빨대에 대해서 얘기하는 영상을 요청해 주셨거든. 그분도 (종이 빨대가) 너무 싫대.

S: I think we should all use something similar...not paper straws, but it's like that _____ that's kinda harder, and _____.
우리 다 그런 거 비슷한 거 있잖아… 종이 빨대 말고, 그 좀 더 단단하고 이것처럼 눅눅해지지 않는 생분해성 빨대 같은 거 써야 돼.

J: Yeah, I think that it's...corn straw?
응, 아마… 옥수수 빨대?

S: _____. _____
_____.
뭐 그런 걸 거야. 한국에서는 종종 사용하더라.

OUTPUT 4 | 원어민과 똑같이 말하기

대화를 들으며 똑같이 따라 말해보세요. 녹음을 하면 더 좋습니다.   ▶ 36-4.mp3

S: What do you think about the paper straw?
그 종이 빨대에 대해서 어떻게 생각해?

J: It's already…is very soggy. I can actually taste the paper a little bit.
이미… 굉장히 눅눅해. 실제로 종이 맛이 조금 나.

S: Yeah, I hate them.
그니까, 진짜 싫어.

J: One of my subscribers actually requested a video to talk about these paper straws. She said she hated them.
사실 구독자 중 한 분이 이런 종이 빨대에 대해서 얘기하는 영상을 요청해 주셨거든. 그분도 (종이 빨대가) 너무 싫대.

S: I think we should all use something similar…not paper straws, but it's like that biodegradable straw that's kinda harder, and it doesn't get as soggy as this.
우리 다 그런 거 비슷한 거 있잖아… 종이 빨대 말고, 그 좀 더 단단하고 이것처럼 눅눅해지지 않는 생분해성 빨대 같은 거 써야 돼.

J: Yeah, I think that it's…corn straw?
응, 아마… 옥수수 빨대?

S: Something like that. Korea uses them here and there.
뭐 그런 걸 거야. 한국에서는 종종 사용하더라.

✓ **Self Checklist** 섀도잉하는 내 목소리를 녹음한 후, 녹음본을 들으며 평가해 보세요.

회차별로 평가하기 (A~D로)	1st	2nd	3rd
최대한 똑같은 속도로 따라 했다.			
최대한 정확한 발음과 강세로 따라 했다.			
INPUT에서 공부했던 내용이 기억난다.			

DAY 37

카공의 진짜 이유 → INPUT

▶ 관련영상: 저만 이래요…?

INPUT I — 귀 쫑긋 상황 파악

대화를 듣고 두 사람이 어떤 말을 주고받고 있는지 파악해 보세요.   ▶ 37-1.mp3

J: You know, 🔍 **working at a cafe really boosts my efficiency.**

S: For sure, and 🔍 **the change of environment definitely helps you focus better.**

J: Mm-hmm, and the background noise, it actually works as a white noise that blocks distractions.

S: Yeah, and they serve good coffee, too.

J: Mm-hmm, and when sometimes I lose focus, I like to just watch people and get back to work.

S: 🔍 **So, are you here to eat or work?**

INPUT 2 — 귀 쫑긋 입 뻥긋

우리말을 보면서 영어 문장을 따라 해보세요.
(왼쪽 영어 문장을 보면서 따라 읽어도 좋습니다.)

▶ 37-2.mp3

J: 있잖아, 카페에서 일하는 거 효율성을 엄청 끌어올려줘(효율성 짱이야).

S: 완전 그래, 그리고 환경을 바꾸면(환경 변화가) 확실히 더 집중하는 데 도움이 돼.

J: 응, 그리고 배경 소음 말야, 그것도 사실 방해 요소를 차단하는 백색 소음의 역할을 한다구.

S: 응, 그리고 맛있는 커피도 팔지.

J: 응, 가끔 집중력이 흐려질 땐, 그냥 사람 구경하다가 다시 일하는 것도 좋아.

S: 그래서, 너 먹으러 온 거야, 일하러 온 거야?

주요 표현 힌트 박스

효율성을 끌어올리다	boost one's efficiency
완전 그래. (동감할 때 표현)	For sure.
환경 변화	change of environment
방해 요소를 차단하다	block distractions
백색 소음	white noise
[무엇]으로서의 역할을 하다, [무엇]처럼 작동하다	work as [무엇]
(식당, 카페에서) [무엇]을 팔다	serve [무엇]
집중력이 흐려지다	lose focus
사람 구경하다	watch people
(잠시 중단 후) 다시 일하다	get back to work

ZOOM IN 한줌영어
주요 표현과 문법을 공부하고, 추가 단어로 다양하게 응용해 보세요. ▶ 37-3.mp3

🔍 ZOOM IN 1. 행위(동사)를 주어로 만들기

> **Working at a cafe** really boosts my efficiency.
> 카페에서 일하는 거 효율성을 엄청 끌어올려줘.

✧ 영어 문장의 주어는 명사 형태여야 하는 것, 문장 만들기의 기본입니다! 그런데 문제는, 종종 **동사를 주어로 쓰고 싶은 경우**가 있다는 거예요. 그럴 때 해결책은? 동사 뒤에 -ing를 붙이면 명사로 만들 수 있어요. 이것을 '**동명사**'라고 부르고 뜻은 '**~하는 것, ~하기**'가 됩니다. (⚠ [비교] p.144 Zoom In 2에서 공부한 -ing는 현재분사로, 형용사였어요.) 아래 다른 동명사들을 활용하여, 각 행동이 효율성을 엄청 끌어올려 준다고 말해보세요.

💬 네모 바꿔 끼우기

Having a cup of coffee	커피 한 잔 마시는 것
Setting definite goals	명확한 목표를 세우는 것
Using a standing desk	스탠딩데스크를 쓰는 것
Taking a break from time to time	때때로 휴식을 취하는 것

🔍 ZOOM IN 2. A가 B하도록 도와준다고 말하기

> Ⓐ **The change of environment** definitely helps you
> Ⓑ **focus better** .
> 환경 변화가 확실히 더 집중하게 도와줘.
> (환경을 바꾸면 확실히 더 집중하는 데 도움이 돼.)

✧ help는 특별한 동사입니다. 도움을 받는 **대상**(목적어)을 동사 바로 뒤에 붙이고, 그

168

뒤에 목적어가 무엇을 하는 데에 도움이 되는지를 **원형부정사**(동사 그대로의 형태, ⑧)로 붙입니다. 물론 to부정사 형태로 써도 되지만, 더 직접적인 도움을 주는 뉘앙스를 담을 수 있고 회화에서 흔하게 쓰이는 형태는 원형부정사예요.

🔖 네모 바꿔 끼우기

The change of seasons 계절 변화가	definitely helps you 확실히 도와줘	**stay** motivated. 동기 부여된 상태로 있게.
The new desk setup 새로운 책상 배치가		**feel** more organized. 더 체계적으로 정리된 느낌이 들게.

🔍 ZOOM IN 3. 방문 목적 말하기

Man: So, are you here to eat or work ?
그래서, 먹으러 온 거야, 일하러 온 거야?

Woman: I'm here to work .
일하러 왔어.

✧ 스티브의 이 질문에 저는 어떻게 대답했을까요? "Well, I'm actually here to eat!(아, 사실 먹으러 왔지!)"라고 했어요. 이처럼 방문 목적을 이야기할 때에는 '내가 여기에 있다(I'm here)'에 **to부정사**를 붙입니다. 실생활에서 가게에 들어가면서 점원에게, 공공기관 등에 들어가면서 직원에게 인사 후 정말 많이 쓰는 표현이에요.

🔖 네모 바꿔 끼우기

to try our/your signature drink	시그니처 음료를 마시러
to get your/my jeans hemmed	청바지 밑단 수선하러
to renew your/my driver's license	운전면허증을 갱신하러
to get your/my laptop fixed	노트북 고치러 (다른 사람에게 수리 서비스를 받는 상황)

DAY 38

카공의 진짜 이유 ▶ OUTPUT

▶ 관련영상: 저만 이래요…?

OUTPUT 1 — 단어 채워 말하기
대화를 잘 듣고 빈칸에 알맞은 단어를 쓰세요.

▶ 38-1.mp3

J: You know, working at a cafe really _____ my _____.
있잖아, 카페에서 일하는 거 효율성을 엄청 끌어올려줘(효율성 짱이야).

S: For _____, and the change of _____ definitely helps you _____ better.
완전 그래, 그리고 환경을 바꾸면 확실히 더 집중하는 데 도움이 돼.

J: Mm-hmm, and the background noise, it actually _____ as a white noise that _____ distractions.
응, 그리고 배경 소음 말야, 그것도 사실 방해 요소를 차단하는 백색 소음의 역할을 한다구.

S: Yeah, and they _____ good coffee, too.
응, 그리고 맛있는 커피도 팔지.

J: Mm-hmm, and when sometimes I _____ focus, I like to just _____ people and get _____ to work.
응, 가끔 집중력이 흐려질 땐, 그냥 사람 구경하다가 다시 일하는 것도 좋아.

S: So, are you here _____ eat or work?
그래서, 너 먹으러 온 거야, 일하러 온 거야?

구문 채워 말하기

대화를 잘 듣고 빈칸에 알맞은 구문을 쓰세요.

🔊 38-2.mp3

J: You know, _____ really _____.
있잖아, 카페에서 일하는 거 효율성을 엄청 끌어올려줘(효율성 짱이야).

S: _____, and the _____ definitely helps you _____.
완전 그래, 그리고 환경을 바꾸면 확실히 더 집중하는 데 도움이 돼.

J: Mm-hmm, and the background noise, it actually _____ that _____ distractions.
응, 그리고 배경 소음 말야, 그것도 사실 방해 요소를 차단하는 백색 소음의 역할을 한다구.

S: Yeah, and they _____, too.
응, 그리고 맛있는 커피도 팔지.

J: Mm-hmm, and when sometimes I _____, I like to just _____ and _____.
응, 가끔 집중력이 흐려질 땐, 그냥 사람 구경하다가 다시 일하는 것도 좋아.

S: So, _____ eat or work?
그래서, 너 먹으러 온 거야, 일하러 온 거야?

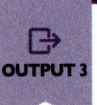

문장 채워 말하기

대화를 잘 듣고 빈칸에 알맞은 문장을 쓰세요.

● 38-3.mp3

J: You know, _____.
있잖아, 카페에서 일하는 거 효율성을 엄청 끌어올려줘(효율성 짱이야).

S: _____, and the _____
_____.
완전 그래, 그리고 환경을 바꾸면 확실히 더 집중하는 데 도움이 돼.

J: Mm-hmm, and the background noise, _____
_____.
응, 그리고 배경 소음 말야, 그것도 사실 방해 요소를 차단하는 백색 소음의 역할을 한다구.

S: Yeah, and _____.
응, 그리고 맛있는 커피도 팔지.

J: Mm-hmm, and when sometimes _____, _____
_____.
응, 가끔 집중력이 흐려질 땐, 그냥 사람 구경하다가 다시 일하는 것도 좋아.

S: So, _____?
그래서, 너 먹으러 온 거야, 일하러 온 거야?

 **원어민과 똑같이 말하기**
대화를 들으며 똑같이 따라 말해보세요. 녹음을 하면 더 좋습니다. ▶ 38-4.mp3

J: You know, working at a cafe really boosts my efficiency.
있잖아, 카페에서 일하는 거 효율성을 엄청 끌어올려줘(효율성 짱이야).

S: For sure, and the change of environment definitely helps you focus better.
완전 그래, 그리고 환경을 바꾸면 확실히 더 집중하는 데 도움이 돼.

J: Mm-hmm, and the background noise, it actually works as a white noise that blocks distractions.
응, 그리고 배경 소음 말야, 그것도 사실 방해 요소를 차단하는 백색 소음의 역할을 한다구.

S: Yeah, and they serve good coffee, too.
응, 그리고 맛있는 커피도 팔지.

J: Mm-hmm, and when sometimes I lose focus, I like to just watch people and get back to work.
응, 가끔 집중력이 흐려질 땐, 그냥 사람 구경하다가 다시 일하는 것도 좋아.

S: So, are you here to eat or work?
그래서, 너 먹으러 온 거야, 일하러 온 거야?

✓ **Self Checklist** 섀도잉하는 내 목소리를 녹음한 후, 녹음본을 들으며 평가해 보세요.

회차별로 평가하기 (A~D로)	1st	2nd	3rd
최대한 똑같은 속도로 따라 했다.			
최대한 정확한 발음과 강세로 따라 했다.			
INPUT에서 공부했던 내용이 기억난다.			

DAY 39

카페 주문하기 → INPUT

▶ 관련영상: '캔아이겟'으론 안 됨

INPUT 1 — 귀 쫑긋 상황 파악
대화를 듣고 두 사람이 어떤 말을 주고받고 있는지 파악해 보세요. ▶ 39-1.mp3

B: Hi, are you ready to order?

C: Yes, can I get one tall iced americano and one grande iced latte?

B: Sure thing. Anything else?

C: Actually, could you add an extra shot to the americano?

B: Of course! An iced americano with an extra shot. Got it.

C: Do you have any milk alternatives?

B: Yes, we do. We have soy, almond, and oat.

C: Oh, good. Then, I'll switch to soy milk.

B: Got it. For here or to go?

C: To go, please.

B: Alright, your total is $11.45.

B: Barista / **C:** Customer

귀 쫑긋 입 뻥긋

우리말을 보면서 영어 문장을 따라 해보세요.
(왼쪽 영어 문장을 보면서 따라 읽어도 좋습니다.)

▶ 39-2.mp3

B: 안녕하세요, 주문 도와드릴까요?

C: 네, 톨사이즈 아이스 아메리카노 한 잔이랑 그란데사이즈 아이스 라떼 한 잔 주문 가능할까요? (주세요.)

B: 네, 그럼요. 더 필요한 건 없으세요?

C: 아, 아메리카노에 샷 추가해 주실 수 있나요?

B: 그럼요! 아이스 아메리카노에 샷 추가. 알겠습니다.

C: 우유 대체품(다른 종류의 우유)이 있나요?

B: 네, 있어요. 두유, 아몬드우유, 그리고 귀리우유가 있어요.

C: 오, 다행이에요. 그러면 두유로 바꿀게요.

B: 알겠습니다. 드시고 가실 건가요, 테이크아웃인가요?

C: 테이크아웃이요.

B: 알겠습니다. 총 11달러 45센트입니다.

🎁 주요 표현 힌트 박스

주문 도와드릴까요?	Are you ready to order?
[메뉴] 주문 가능할까요? (주세요.)	Can I get [메뉴]? ⚠ 여기서 [메뉴]는 [갯수 + 사이즈 + 핫/아이스 + 메뉴명]
더 필요하신 건 없으세요?	Anything else?
샷 추가하다	add an extra shot
[우유 대체품]으로 바꿀게요.	I'll switch to [우유 대체품].
드시고 가실 건가요, 테이크아웃인가요?	For here or to go?
총 [액수]입니다.	Your total is [액수].

ZOOM IN 한줌영어

INPUT 3 주요 표현과 문법을 공부하고, 추가 단어로 다양하게 응용해 보세요. ▶ 39-3.mp3

🔍 ZOOM IN 1. 메뉴 주문하기 ①

> Can I get one tall iced americano and one grande iced latte?
>
> 톨사이즈 아이스 아메리카노 한 잔이랑 그란데사이즈 아이스 라떼 한 잔 주문 가능할까요? (주세요.)

✦ 미국 여행은 '캔아이겟'만 알면 90%는 해결된다고 하는 우스갯소리가 있을 정도로 Can I get [메뉴]?는 필수 표현이에요. 다만 우리는 조금 더 다양하게 연습해 볼게요. 그리고 연습할 때 [메뉴] 부분의 순서도 유의해서 익혀주세요.

Can I get I'd like I'll do I'll go with	a/one + 사이즈 + hot/iced + 음료

🔍 네모 바꿔 끼우기

a grande decaf iced americano	그란데사이즈 디카페인 아이스 아메리카노
a venti hot latte with almond milk	벤티사이즈 핫 라떼, 아몬드 우유로

🔍 ZOOM IN 2. Anything else?에 대한 대답 ① 음료 커스터마이징

> Actually, could you add an extra shot to the americano?
>
> 아, 아메리카노에 샷 추가해 주실 수 있나요?

◆ **Actually**는 '사실은'이라고 외우지만, 회화에서는 진짜 사실을 이야기할 때 외에 더 많이 쓰이는 부사입니다. 새로운 생각을 추가적으로 이야기할 때 대화의 흐름을 자연스럽게 이어주는 역할을 하죠. 우리말로 '아,' 정도로 생각하면 조금 감이 올 거예요.

◆ 음료에 커스터마이징을 요청하는 것은 조금 공손하게 말하면 좋겠죠? **조동사 can** 보다 더 부드러운 느낌을 주는 **could**로 연습해 보세요.

🔍 네모 바꿔 끼우기

make it decaf	[방금 말한 메뉴]를 디카페인으로 만들다
go easy on the ice	얼음을 적게 넣다
switch to oat milk	귀리우유로 변경하다

🔎 ZOOM IN 3. Anything else?에 대한 대답
② 추가 주문이나 커스터마이징이 없을 때

> That's it. / That would be it.
>
> 그게 다예요. / 그거면 된 거 같아요.

◆ 점원이 Anything else?라고 물었을 때, 추가 주문할 것이나 커스터마이징이 떠오른다면 이때 대답하면 되는데, 보통은 그렇지 않은 경우가 대부분일 거예요. 그러면 위 문장처럼 대답하면 됩니다. 간단히 **That's it!** 하는 경우가 가장 흔하고, 조금 더 공손하고 싶다면 뒤에 Thank you.를 붙여도 좋고, **That would be it.**이라고 대답해도 좋습니다. be동사 대신에 would be를 쓰면 강한 사실을 전달하는 느낌 대신 '~일 거예요', '~면 된 것 같아요'의 느낌으로 말할 수 있기 때문이죠.

DAY 40
카페 주문하기 ▶ OUTPUT

▶ 관련영상: '캔아이겟'으로 안 됨

OUTPUT 1 — 단어 채워 말하기
대화를 잘 듣고 빈칸에 알맞은 단어를 쓰세요. ▶ 40-1.mp3

B: Hi, are you ready to _____? 안녕하세요, 주문 도와드릴까요?

C: Yes, can I _____ one tall _____ americano and one grande _____ latte? 네, 톨사이즈 아이스 아메리카노 한 잔이랑 그란데사이즈 아이스 라떼 한 잔 주문 가능할까요? (주세요.)

B: Sure thing. Anything _____? 네, 그럼요. 더 필요한 건 없으세요?

C: Actually, could you _____ an _____ shot to the americano? 아, 아메리카노에 샷 추가해 주실 수 있나요?

B: Of course! An iced americano with an _____ shot. Got it. 그럼요! 아이스 아메리카노에 샷 추가. 알겠습니다.

C: Do you have any milk _____? 우유 대체품(다른 종류의 우유)이 있나요?

B: Yes, we do. We have soy, almond, and oat. 네, 있어요. 두유, 아몬드우유, 그리고 귀리우유가 있어요.

C: Oh, good. Then, I'll _____ soy milk. 오, 다행이에요. 그러면 두유로 바꿀게요.

B: Got it. For _____ or to _____? 알겠습니다. 드시고 가실 건가요, 테이크아웃인가요?

C: To _____, please. 테이크아웃이요.

B: Alright, your _____ is $11.45. 알겠습니다. 총 11달러 45센트입니다.

구문 채워 말하기

대화를 잘 듣고 빈칸에 알맞은 구문을 쓰세요.

▶ 40-2.mp3

B: Hi, are you _____?
안녕하세요, 주문 도와드릴까요?

C: Yes, _____ one _____ and one _____?
네, 톨사이즈 아이스 아메리카노 한 잔이랑 그란데사이즈 아이스 라떼 한 잔 주문 가능할까요? (주세요.)

B: Sure thing. _____?
네, 그럼요. 더 필요한 건 없으세요?

C: Actually, _____ an _____ to the americano?
아, 아메리카노에 샷 추가해 주실 수 있나요?

B: Of course! An iced americano _____. Got it.
그럼요! 아이스 아메리카노에 샷 추가. 알겠습니다.

C: Do you have _____?
우유 대체품(다른 종류의 우유)이 있나요?

B: Yes, we do. We have soy, almond, and oat.
네, 있어요. 두유, 아몬드우유, 그리고 귀리우유가 있어요.

C: Oh, good. Then, I'll _____ soy milk.
오, 다행이에요. 그러면 두유로 바꿀게요.

B: Got it. _____ or _____?
알겠습니다. 드시고 가실 건가요, 테이크아웃인가요?

C: _____, please.
테이크아웃이요.

B: Alright, _____ is $11.45.
알겠습니다. 총 11달러 45센트입니다.

문장 채워 말하기

대화를 잘 듣고 빈칸에 알맞은 문장을 쓰세요.

🔊 40-3.mp3

B: Hi, _____?
안녕하세요, 주문 도와드릴까요?

C: Yes, _____
_____?
네, 톨사이즈 아이스 아메리카노 한 잔이랑 그란데사이즈 아이스 라떼 한 잔 주문 가능할까요? (주세요.)

B: _____. _____?
네, 그럼요. 더 필요한 건 없으세요?

C: Actually, _____?
아, 아메리카노에 샷 추가해 주실 수 있나요?

B: Of course! _____. Got it.
그럼요! 아이스 아메리카노에 샷 추가. 알겠습니다.

C: _____?
우유 대체품(다른 종류의 우유)이 있나요?

B: Yes, we do. We have soy, almond, and oat.
네, 있어요. 두유, 아몬드우유, 그리고 귀리우유가 있어요.

C: Oh, good. Then, _____.
오, 다행이에요. 그러면 두유로 바꿀게요.

B: _____. _____?
알겠습니다. 드시고 가실 건가요, 테이크아웃인가요?

C: _____, please.
테이크아웃이요.

B: Alright, _____.
알겠습니다. 총 11달러 45센트입니다.

원어민과 똑같이 말하기

대화를 들으며 똑같이 따라 말해보세요. 녹음을 하면 더 좋습니다.

▶ 40-4.mp3

B: Hi, are you ready to order?
안녕하세요. 주문 도와드릴까요?

C: Yes, can I get one tall iced americano and one grande iced latte? 네, 톨사이즈 아이스 아메리카노 한 잔이랑 그란데사이즈 아이스 라떼 한 잔 주문 가능할까요? (주세요.)

B: Sure thing. Anything else? 네, 그럼요. 더 필요한 건 없으세요?

C: Actually, could you add an extra shot to the americano?
아, 아메리카노에 샷 추가해 주실 수 있나요?

B: Of course! An iced americano with an extra shot. Got it.
그럼요! 아이스 아메리카노에 샷 추가. 알겠습니다.

C: Do you have any milk alternatives?
우유 대체품(다른 종류의 우유)이 있나요?

B: Yes, we do. We have soy, almond, and oat.
네, 있어요. 두유, 아몬드우유, 그리고 귀리우유가 있어요.

C: Oh, good. Then, I'll switch to soy milk.
오, 다행이에요. 그러면 두유로 바꿀게요.

B: Got it. For here or to go?
알겠습니다. 드시고 가실 건가요, 테이크아웃인가요?

C: To go, please. 테이크아웃이요.

B: Alright, your total is $11.45. 알겠습니다. 총 11달러 45센트입니다.

✓ **Self Checklist** 섀도잉하는 내 목소리를 녹음한 후, 녹음본을 들으며 평가해 보세요.

회차별로 평가하기 (A~D로)	1st	2nd	3rd
최대한 똑같은 속도로 따라 했다.			
최대한 정확한 발음과 강세로 따라 했다.			
INPUT에서 공부했던 내용이 기억난다.			

- ▶ 식당 예약하기
- ▶ 생각보다 복잡한 식당 주문
- ▶ 웨이터에게 문의하기
- ▶ 식당에서 컴플레인하기
- ▶ 테이크아웃 vs 외식

식당 영어

English at the Restaurant

5

DAY 41

식당 예약하기 ▶ INPUT

▶ 관련영상: 'party' 뜻, '파티'가 아니라고?

INPUT 1 — **귀 쫑긋 상황 파악**
대화를 듣고 두 사람이 어떤 말을 주고받고 있는지 파악해 보세요. ▶ 41-1.mp3

A: Thank you for calling Palm restaurant.

B: Hi, 🔍 **I'd like to make a reservation for this Friday.**

A: Let me check if we have any openings. For how many?

B: Two people.

A: Okay, for this Friday, we have 5 pm and 8 pm available for a party of two. Would you like to make a reservation?

B: Yes, please. 8 pm sounds good.

A: Okay, 🔍 **can I get your name?**

B: Jamie.

A: Perfect, Jamie. You're all set for this Friday the 23rd, 8 pm. Party of two.

B: Great. Thank you so much.

A: Thank you. 🔍 **See you this Friday!**

B: Bye-bye.

INPUT 2

귀 쫑긋 입 뻥긋

우리말을 보면서 영어 문장을 따라 해보세요.
(왼쪽 영어 문장을 보면서 따라 읽어도 좋습니다.)

▶ 41-2.mp3

A: 감사합니다, 한줌 식당입니다.

B: 안녕하세요, 이번 주 금요일로 예약하고 싶은데요.

A: 예약 가능한 시간이 있는지 확인해 드리겠습니다. 몇 분이시죠?

B: 두 명이요.

A: 알겠습니다, 이번 금요일은 두 분 자리가 오후 5시와 8시가 가능하네요. 예약 도와드릴까요?

B: 네, 해주세요. 8시가 좋겠네요.

A: 알겠습니다, 성함이 어떻게 되시나요?

B: 제이미요.

A: 제이미님, 좋습니다. 이번 주 금요일, 23일 오후 8시로 예약 다 되셨습니다. 두 분이시고요.

B: 넵. 감사합니다.

A: 감사합니다. 이번 주 금요일에 뵐게요!

B: 안녕히 계세요.

📦 주요 표현 힌트 박스

[일시]로 예약하고 싶은데요.	I'd like to make a reservation for [일시].
예약 가능 시간	opening
몇 분이시죠?	For how many?
[시간, 상품]이 있습니다 (예약 혹은 구매가 가능하다는 말)	We have [시간, 상품] available
성함이 어떻게 되시나요?	Can I get your name?
[시간]으로 예약 다 되셨습니다.	You're all set for [예약 시간].
일행이 [숫자]명일 때 인원수 말하기	party of [숫자]

INPUT 3 — ZOOM IN 한줌영어

주요 표현과 문법을 공부하고, 추가 단어로 다양하게 응용해 보세요.

▶ 41-3.mp3

🔍 ZOOM IN 1. 식당 예약하기

> **I'd like to make a reservation for this Friday.**
> 이번 주 금요일로 예약하고 싶은데요.

✦ reservation은 '장소'를 예약할 때, appointment는 '(전문가와의) 시간'을 예약할 때라고 기억해두면 가장 쉬워요(예: 식당 예약은 '장소'를 찜콩하는 것 vs 미용실 예약은 '미용사와의 시간'을 찜콩하는 것). ✦ '예약하다(make a reservation, make an appointment)'와 가장 찰떡인 **전치사**는 for입니다.

🔍 네모 바꿔 끼우기

I'd like to make	a reservation '장소' 예약 (식당, 호텔, 렌터카, 대관 등)	for	Thursday next week. 다음주 목요일 (보통 작은 단위를 앞에 써요.)
	an appointment '(전문가와의) 시간' 예약 (미용실, 병원 진료, 네일아트, 상담 등)		2 pm tomorrow. 내일 오후 2시 (보통 작은 단위를 앞에 써요.)

🔍 ZOOM IN 2. 예의 바르게 개인 정보 묻기

> **Can I get your name?**
> 성함이 어떻게 되시나요?

✦ 상대의 이름은 What's your name?이라고 묻는다고 배우지만, 공식적인 자리나 예의 바른 느낌을 주어야 할 때에는 **Can I get your name?**이라고 합니다. 주어를 '나'로 돌려서 보다 간접적으로 정보를 요청하는 것이 부드러운 느낌을 주기 때문이에요. 전화번호를 받고 싶을 때도 What's your number? 혹은 Can you give me your number?보다 Can I get your number?라고 하는 게 더 부드럽죠. 이보다 더 **공손해야 할 때는** May I have your [개인 정보]?라고 물으면 됩니다.

🔍 네모 바꿔 끼우기

first name	이름 (ex. '강하영'의 '하영')
last name	성 (ex. '강하영'의 '강')
email address	이메일 주소 (TIP: 대답할 때 @는 'at'이라고 읽습니다.)
license plate number	차량번호판 번호
room number	(호텔 등에서의) 호실

🔎 ZOOM IN 3. 마무리 인사하기

> See you this Friday !
> 이번 주 금요일에 뵐게요!

✦ 대화가 마무리될 때 다시 만날 사이라면 혹은 친근감을 표시하고 싶다면 Bye!보다는 See you! 인사를 하는 경우가 많아요. 그리고 만날 날이 정해진 경우 뒤에 일시를 붙여줍니다. 이때는 전치사의 유무와 종류를 신경 써 주어야 해요. **시각일 경우 전치사 at, 요일일 경우 전치사 on**을 함께 씁니다. 반면에 '이번 주 금요일(this Friday)' 혹은 '다음주 화요일(next Tuesday)'과 같이 **this, next가 붙는 경우는 그 자체로 부사구**가 되어서 전치사를 쓰지 않는답니다.

🔍 네모 바꿔 끼우기

later	[부사] '나중에'라는 뜻이지만 사실상 '다음에'를 의미함
around	[부사] '근처에서'라는 뜻이지만 사실상 '다음에'를 의미함
at seven	[전치사 + 명사 = 부사구] 일곱 시에
on Thursday	[전치사 + 명사 = 부사구] 목요일에
next Tuesday	[부사구] 다음주 화요일에

DAY 42

식당 예약하기 ▶ OUTPUT

영상&음성

▶ 관련영상: 'party' 뜻, '파티'가 아니라고?

OUTPUT 1 — 단어 채워 말하기
대화를 잘 듣고 빈칸에 알맞은 단어를 쓰세요.   ▶ 42-1.mp3

A: Thank you for calling Palm restaurant.
감사합니다, 한줌 식당입니다.

B: Hi, I'd like to make a _____ for this Friday.
안녕하세요, 이번 주 금요일로 예약하고 싶은데요.

A: Let me check if we have any _____. For how many?
예약 가능한 시간이 있는지 확인해 드리겠습니다. 몇 분이시죠?

B: Two people. 두 명이요.

A: Okay, for this Friday, we have 5 pm and 8 pm _____ for a party of two. _____ you like to _____ a reservation?
알겠습니다, 이번 금요일은 두 분 자리가 오후 5시와 8시가 가능하네요. 예약 도와드릴까요?

B: Yes, please. 8 pm _____ good. 네, 해주세요. 8시가 좋겠네요.

A: Okay, can I _____ your name? 알겠습니다, 성함이 어떻게 되시나요?

B: Jamie. 제이미요.

A: Perfect, Jamie. You're all ____ for this Friday the 23rd, 8 pm. Party of two.
제이미님, 좋습니다. 이번 주 금요일, 23일 오후 8시로 예약 다 되셨습니다. 두 분이시고요.

B: Great. Thank you so much. 넵, 감사합니다.

A: Thank you. See you ____ Friday! 감사합니다, 이번 주 금요일에 뵐게요!

B: Bye-bye. 안녕히 계세요.

구문 채워 말하기

대화를 잘 듣고 빈칸에 알맞은 구문을 쓰세요.

▶ 42-2.mp3

A: Thank you for calling Palm restaurant.
감사합니다, 한줌 식당입니다.

B: Hi, _____ to _____ for this Friday.
안녕하세요, 이번 주 금요일로 예약하고 싶은데요.

A: _____ if we have any _____.
For _____?
예약 가능한 시간이 있는지 확인해 드리겠습니다. 몇 분이시죠?

B: Two people. 두 명이요.

A: Okay, for this Friday, _____ 5 pm and 8 pm _____ for a party of two. _____ you like to _____?
알겠습니다, 이번 금요일은 두 분 자리가 오후 5시와 8시에 가능하네요. 예약 도와드릴까요?

B: Yes, please. 8 pm _____.
네, 해주세요. 8시가 좋겠네요.

A: Okay, _____ your name?
알겠습니다, 성함이 어떻게 되시나요?

B: Jamie. 제이미요.

A: Perfect, Jamie. _____ for this Friday the 23rd, 8 pm. _____.
제이미님, 좋습니다. 이번 주 금요일, 23일 오후 8시로 예약 다 되셨습니다. 두 분이시고요.

B: Great. Thank you so much.
넵, 감사합니다.

A: Thank you. See you _____!
감사합니다. 이번 주 금요일에 뵐게요!

B: Bye-bye. 안녕히 계세요.

문장 채워 말하기

대화를 잘 듣고 빈칸에 알맞은 문장을 쓰세요.

▶ 42-3.mp3

A: Thank you for calling Palm restaurant.
감사합니다, 한줌 식당입니다.

B: Hi, _____.
안녕하세요, 이번 주 금요일로 예약하고 싶은데요.

A: _____.
For _____?
예약 가능한 시간이 있는지 확인해 드리겠습니다. 몇 분이시죠?

B: Two people. 두 명이요.

A: Okay, for this Friday, _____
_____ for a party of two. _____
_____?
알겠습니다, 이번 금요일은 두 분 자리가 오후 5시와 8시가 가능하네요. 예약 도와드릴까요?

B: Yes, please. _____.
네, 해주세요. 8시가 좋겠네요.

A: Okay, _____?
알겠습니다, 성함이 어떻게 되시나요?

B: Jamie. 제이미요.

A: Perfect, Jamie. _____ the 23rd, 8 pm. _____.
제이미님, 좋습니다. 이번 주 금요일, 23일 오후 8시로 예약 다 되셨습니다. 두 분이시고요.

B: Great. Thank you so much. 넵, 감사합니다.

A: Thank you. _____!
감사합니다. 이번 주 금요일에 뵐게요!

B: Bye-bye. 안녕히 계세요.

3번 반복하고 내 것으로 만들기

원어민과 똑같이 말하기

대화를 들으며 똑같이 따라 말해보세요. 녹음을 하면 더 좋습니다.

▶ 42-4.mp3

A: Thank you for calling Palm restaurant.
감사합니다, 한줌 식당입니다.

B: Hi, I'd like to make a reservation for this Friday.
안녕하세요, 이번 주 금요일로 예약하고 싶은데요.

A: Let me check if we have any openings. For how many?
예약 가능한 시간이 있는지 확인해 드리겠습니다. 몇 분이시죠?

B: Two people. 두 명이요.

A: Okay, for this Friday, we have 5 pm and 8 pm available for a party of two. Would you like to make a reservation?
알겠습니다, 이번 금요일은 두 분 자리가 오후 5시와 8시가 가능하네요. 예약 도와드릴까요?

B: Yes, please. 8 pm sounds good. 네, 해주세요. 8시가 좋겠네요.

A: Okay, can I get your name? 알겠습니다, 성함이 어떻게 되시나요?

B: Jamie. 제이미요.

A: Perfect, Jamie. You're all set for this Friday the 23rd, 8 pm. Party of two.
제이미님, 좋습니다. 이번 주 금요일, 23일 오후 8시로 예약 다 되셨습니다. 두 분이시고요.

B: Great. Thank you so much. 넵, 감사합니다.

A: Thank you. See you this Friday! 감사합니다. 이번 주 금요일에 뵐게요!

B: Bye-bye. 안녕히 계세요.

✓ **Self Checklist** 섀도잉하는 내 목소리를 녹음한 후, 녹음본을 들으며 평가해 보세요.

회차별로 평가하기 (A~D로)	1st	2nd	3rd
최대한 똑같은 속도로 따라 했다.			
최대한 정확한 발음과 강세로 따라 했다.			
INPUT에서 공부했던 내용이 기억난다.			

DAY 43

생각보다 복잡한 식당 주문  INPUT

▶ 관련영상: 해외에서도 요구할 건 요구합시다!

INPUT 1   **귀 쫑긋 상황 파악**

대화를 듣고 두 사람이 어떤 말을 주고받고 있는지 파악해 보세요.   ▶ 43-1.mp3

W: So here are your drinks. Are you guys ready to order?

C1: Yes, **I'll have a green salad with Italian dressing.** Wait, are there any cucumbers in your green salad?

W: Umm, yes, they put some sliced cucumbers in it.

C1: Ohhh, **can I have mine without it, if that's possible?**

W: That is possible. I'll take note of that. A green salad without cucumbers. Italian dressing. What about you, ma'am?

C2: Hmm… How do they prepare this abalone?

W: It's sauteed in a lemon butter sauce.

C2: **Do you think they could steam it instead?**

W: I could ask the cook.

C2: Thank you. If they could, I will have that and some mashed potatoes on the side.

W: Excellent, I'll be right back.

귀 쫑긋 입 뻥긋

우리말을 보면서 영어 문장을 따라 해보세요.
(왼쪽 영어 문장을 보면서 따라 읽어도 좋습니다.)

▶ 43-2.mp3

W: 여기 음료 드릴게요. 주문하시겠어요?

C1: 네, 그린샐러드 하나에 이탈리안 드레싱으로 할게요. 앗, 여기 그린샐러드에 오이가 들어가나요?

W: 음… 네, 오이 슬라이스가 들어가요.

C1: 아…, 혹시 가능하다면 제 거는 오이 빼주실 수 있나요?

W: 가능합니다. 잊지 않고 챙길게요. 오이 뺀 그린샐러드와 이탈리안 드레싱이요. 손님께서는요?

C2: 흠… 이 전복 (메뉴) 어떤 방식으로 조리하나요?

W: 레몬버터 소스와 함께 볶는 요리예요.

C2: 혹시 찜으로 대신 가능할까요?

W: 주방에 한번 물어볼게요.

C2: 감사해요. 가능하다면, 그거랑 사이드로 매쉬드포테이토 할게요.

W: 좋습니다. 곧 다시 오겠습니다.

주요 표현 힌트 박스

(복수의 손님에게) 주문할 준비되셨나요? ('주문하시겠어요?'의 의미)	Are you guys ready to order?
혹시 가능하다면	if that's possible
제 거 [재료] 빼주실 수 있나요?	Can I have mine without [재료]?
잊지 않고 챙길게요. (상대의 요청을 받아들였다는 의미)	I'll take note of that.
조리하다	prepare
(기름을 약간 넣고 휘리릭) 볶다	saute [soutéi]
사이드로	on the side

INPUT 3 · ZOOM IN 한줌영어

주요 표현과 문법을 공부하고, 추가 단어로 다양하게 응용해 보세요. ▶ 43-3.mp3

🔍 ZOOM IN 1. 메뉴 주문하기 ②

> I'll have a green salad with Italian dressing .
> 그린샐러드 하나에 이탈리안 드레싱으로 할게요.

◆ 앞서 카페 주문 시 쓸 수 있는 표현들을 공부했는데요(p.176 Zoom In 1 슬쩍 보고 오기!), 오늘은 하나 더 추가해 볼게요. 이전 표현들보다는 더 직접적인 느낌을 준다는 점이 달라요. ◆ 그리고 green salad에 왜 a가 붙었는지 짐작이 가나요? 음식은 보통 불가산명사가 많지만, 메뉴를 지칭할 때는 주문 개수를 나타내기 위해서 가산명사로 둔갑하는 경우가 대부분이랍니다. 예를 들어, 원래 steak는 불가산명사이지만, 메뉴 2개로 주문할 때는 two steaks로 둔갑하죠. 또한, 메뉴는 딱 특정되어 있기 때문에 정관사 the를 함께 쓰는 경우도 흔합니다.

💬 네모 바꿔 끼우기

I'll have 할게요	two steaks 스테이크 메뉴 두개로	with	fries. 감자튀김 곁들인.
	the mushroom cream pasta (메뉴의, 특정한) 버섯 크림 파스타로		extra parmesan. [pá:rməzà:n] 파마산 치즈 추가해서.

🔍 ZOOM IN 2. 예의 바르게 요청하기 ② 혹시 가능하다면

> Can I have mine without it , if that's possible ?
> 혹시 가능하다면 제 거는 오이 빼주실 수 있나요?

◆ 요청이나 부탁을 할 때 한층 더 예의 바르게 말하면 아무래도 상대가 들어줄 확률이 더 높아지겠죠. [요청/부탁] 내용을 의문문으로 만들고 뒤에 if that's possible을 붙여주면 '**혹시 가능하다면**'의 뉘앙스를 담을 수 있어요.

🔖 네모 바꿔 끼우기

Can I have it fully cooked	바짝 구워줄 수 있나요?
Can I have my drinks with the food	음료를 음식과 함께 주실 수 있나요? (보통 식당에서 음식보다 음료를 먼저 갖다주기 때문에 음식과 함께 받길 원한다면 이렇게 요청해 보세요.)
Could I have the menu again	메뉴판 좀 다시 볼 수 있을까요? (TIP: can을 could로 바꿔주면 더 부드러워집니다.)

🔍 ZOOM IN 3. 예의 바르게 요청하기 ③ 혹시 ~해주실 수 있을까요?

> Do you think they could steam it instead ?
> 혹시 (볶는) 대신 쪄주실 수 있을까요? (혹시 찜으로 대신 가능할까요?)

◆ 직역하면 '~할 수도 있을 거라고 생각하나요?'인데, 앞의 Zoom In 2와 마찬가지로, 요청이나 부탁을 한층 더 예의 바르게 말할 수 있는 표현이에요. could 대신에 can을 써도 되지만, could를 썼을 때 더 부드러운 느낌을 줄 수 있죠.

🔖 네모 바꿔 끼우기

	they 그들(식당, 요리사)		fully cook my shrimp? 새우를 바짝 굽다
Do you think	I	could	have my drinks with the food? 음료를 음식과 함께 받다
	I		have the menu again? 메뉴판 좀 다시 보다

DAY 44
생각보다 복잡한 식당 주문  OUTPUT

▶ 관련영상: 해외에서도 요구할 건 요구합시다!

 영상&음성

OUTPUT 1 — 단어 채워 말하기
대화를 잘 듣고 빈칸에 알맞은 단어를 쓰세요. ▶ 44-1.mp3

W: So here are your drinks. Are you _____ ready to order? 여기 음료 드릴게요. (복수의 손님에게) 주문하시겠어요?

C1: Yes, I'll _____ a green salad _____ Italian dressing. Wait, are there any cucumbers in your green salad? 네, 그린샐러드 하나에 이탈리안 드레싱으로 할게요. 앗, 여기 그린샐러드에 오이가 들어가나요?

W: Umm, yes, they _____ some sliced cucumbers ____ it. 음… 네, 오이 슬라이스가 들어가요.

C1: Ohhh, can I have mine _____ it, if that's _____? 아…, 혹시 가능하다면 제 거는 오이 빼주실 수 있나요?

W: That is possible. I'll take _____ of that. A green salad without cucumbers. Italian dressing. What about you, ma'am? 가능합니다. 잊지 않고 챙길게요. 오이 뺀 그린샐러드와 이탈리안 드레싱이요. 손님께서는요?

C2: Hmm... How do they _____ this abalone? 흠… 이 전복 (메뉴) 어떤 방식으로 조리하나요?

W: It's _____ in a lemon butter sauce. 레몬버터 소스와 함께 볶는 요리예요.

C2: Do you think they could steam it _____? 혹시 찜으로 대신 가능할까요?

W: I could ask the cook. 주방에 한번 물어볼게요.

C2: Thank you. If they could, I will have that and some mashed potatoes on the _____. 감사해요. 가능하다면, 그거랑 사이드로 매쉬드포테이토 할게요.

W: Excellent, I'll be right back. 좋습니다. 곧 다시 오겠습니다.

구문 채워 말하기

대화를 잘 듣고 빈칸에 알맞은 구문을 쓰세요.

▶ 44-2.mp3

W: So here are your drinks. Are you _____?
여기 음료 드릴게요. (복수의 손님에게) 주문하시겠어요?

C1: Yes, _____ a green salad _____ Italian dressing. Wait, _____ cucumbers in your green salad?
네, 그린샐러드 하나에 이탈리안 드레싱으로 할게요. 앗, 여기 그린샐러드에 오이가 들어가나요?

W: Umm, yes, they _____ some sliced cucumbers _____.
음… 네, 오이 슬라이스가 들어가요.

C1: Ohhh, Can I _____, if _____?
아…, 혹시 가능하다면 제 거는 오이 빼주실 수 있나요?

W: That is possible. I'll _____. A green salad without cucumbers. Italian dressing. What about you, ma'am?
가능합니다. 잊지 않고 챙길게요. 오이 뺀 그린샐러드와 이탈리안 드레싱이요. 손님께서는요?

C2: Hmm... _____ this abalone?
흠… 이 전복 (메뉴) 어떤 방식으로 조리하나요?

W: _____ in a lemon butter sauce.
레몬버터 소스와 함께 볶는 요리예요.

C2: _____ steam it instead?
혹시 찜으로 대신 가능할까요?

W: I could ask the cook. 주방에 한번 물어볼게요.

C2: Thank you. _____, I will have that and some mashed potatoes _____.
감사해요. 가능하다면, 그거랑 사이드로 매쉬드포테이토 할게요.

W: Excellent, I'll be _____. 좋습니다. 곧 다시 오겠습니다.

문장 채워 말하기

OUTPUT 3

대화를 잘 듣고 빈칸에 알맞은 문장을 쓰세요.

44-3.mp3

W: So here are your drinks. _____?
여기 음료 드릴게요. (복수의 손님에게) 주문하시겠어요?

C1: Yes, _____.
Wait, _____?
네, 그린샐러드 하나에 이탈리안 드레싱으로 할게요. 앗, 여기 그린샐러드에 오이가 들어가나요?

W: Umm, yes, _____.
음… 네, 오이 슬라이스가 들어가요.

C1: Ohhh, _____,
_____?
아…, 혹시 가능하다면 제 거는 오이 빼주실 수 있나요?

W: That is possible. _____. A green salad without cucumbers. Italian dressing. _____, ma'am?
가능합니다. 잊지 않고 챙길게요. 오이 뺀 그린샐러드와 이탈리안 드레싱이요. 손님께서는요?

C2: Hmm… _____?
흠… 이 전복 (메뉴) 어떤 방식으로 조리하나요?

W: _____ in a lemon butter sauce.
레몬버터 소스와 함께 볶는 요리예요.

C2: _____?
혹시 찜으로 대신 가능할까요?

W: I could ask the cook. 주방에 한번 물어볼게요.

C2: Thank you. _____, _____ and some mashed potatoes _____.
감사해요. 가능하다면, 그거랑 사이드로 매쉬드포테이토 할게요.

W: Excellent, _____. 좋습니다. 곧 다시 오겠습니다.

원어민과 똑같이 말하기

대화를 들으며 똑같이 따라 말해보세요. 녹음을 하면 더 좋습니다.   ▶ 44-4.mp3

W: So here are your drinks. Are you guys ready to order?
여기 음료 드릴게요. 주문하시겠어요?

C1: Yes, I'll have a green salad with Italian dressing. Wait, are there any cucumbers in your green salad?
네, 그린샐러드 하나에 이탈리안 드레싱으로 할게요. 앗, 여기 그린샐러드에 오이가 들어가나요?

W: Umm, yes, they put some sliced cucumbers in it.
음… 네, 오이 슬라이스가 들어가요.

C1: Ohhh, can I have mine without it, if that's possible?
아…, 혹시 가능하다면 제 거는 오이 빼주실 수 있나요?

W: That is possible. I'll take note of that. A green salad without cucumbers. Italian dressing. What about you, ma'am?
가능합니다. 잊지 않고 챙길게요. 오이 뺀 그린샐러드와 이탈리안 드레싱이요. 손님께서는요?

C2: Hmm… How do they prepare this abalone?
흠… 이 전복 (메뉴) 어떤 방식으로 조리하나요?

W: It's sauteed in a lemon butter sauce.
레몬버터 소스와 함께 볶는 요리예요.

C2: Do you think they could steam it instead?
혹시 찜으로 대신 가능할까요?

W: I could ask the cook. 주방에 한번 물어볼게요.

C2: Thank you. If they could, I will have that and some mashed potatoes on the side.
감사해요. 가능하다면, 그거랑 사이드로 매쉬드포테이토 할게요.

W: Excellent, I'll be right back. 좋습니다. 곧 다시 오겠습니다.

✓ **Self Checklist** 섀도잉하는 내 목소리를 녹음한 후, 녹음본을 들으며 평가해 보세요.

회차별로 평가하기 (A~D로)	1st	2nd	3rd
최대한 똑같은 속도로 따라 했다.			
최대한 정확한 발음과 강세로 따라 했다.			
INPUT에서 공부했던 내용이 기억난다.			

DAY 45

웨이터에게 문의하기 INPUT

▶ 관련영상: 식당 음식 안 나올 때 30분 대기 가능?

INPUT 1 — 귀 쫑긋 상황 파악

대화를 듣고 두 사람이 어떤 말을 주고받고 있는지 파악해 보세요. 45-1.mp3

C: Excuse me?

W: Yes, how can I help you?

C: Well, **it's been over 30 minutes since we placed our order.** We haven't even received our drinks yet.

W: Kindly give me a couple of minutes. I'll check the status of your order.

C: **Please do so.**

W: (later) **There's been a delay in your meal. There's been a disturbance in the kitchen, but we're taking care of it.** Your entire order will be on your table within the next 5 minutes. I'm very sorry.

C: Well, thank you for letting me know.

W: I assure you it will never happen again. As a token of our apologies, we won't charge you for the drinks today.

귀 쫑긋 입 뻥긋

우리말을 보면서 영어 문장을 따라 해보세요.
(왼쪽 영어 문장을 보면서 따라 읽어도 좋습니다.)

▶ 45-2.mp3

C: 저기 죄송한데요.

W: 네, 어떻게 도와드릴까요?

C: 그게, 저희 주문한 지 30분이 넘었는데요, 아직 음료도 못 받았어요.

W: 잠시만(1~2분 정도) 기다려 주시겠습니까? 주문 상태(현황)를 확인하겠습니다.

C: 그렇게 해주세요.

W: (잠시 후) 식사 준비에 지연이 있습니다. 주방에 일(방해, 소란)이 좀 있었는데 해결(하고 있는) 중이에요. 주문하신 음식 모두 5분 안에 테이블로 가져다 드리겠습니다. 정말 죄송합니다.

C: 아 네 뭐, 알려주셔서 감사해요.

W: 장담컨대 다시는 이런 일이 없을 겁니다. 사과의 의미로, 오늘 음료 값은 청구하지 않겠습니다.

[TIP] 실제로 북미/유럽에서는 30분 지연으로 항의하는 일은 거의 없습니다.

주요 표현 힌트 박스

잠시만 기다려 주시겠습니까?	Kindly give me a couple of minutes.
상태(현황)	status
(문제 상황을) 해결하다	take care of
[누구]에게 알려주다	let [누구] know
장담컨대 ~입니다, ~라고 장담합니다	I assure you ~
사과의 의미로	as a token of (one's) apologies
[누구]에게 (값을) 청구하다	charge

ZOOM IN 한줌영어
INPUT 3 — 주요 표현과 문법을 공부하고, 추가 단어로 다양하게 응용해 보세요. ▶ 45-3.mp3

🔍 ZOOM IN 1. ~한 지 얼마나 됐다고 말하기

> **It's been** over 30 minutes **since** we placed our order.
> 저희 주문한 지 30분이 넘었는데요.

✦ 이 구조를 쓸 때에는 다음을 기억하세요. ❶ 주절은 해당 기준점부터 지금까지 소요된 시간을 표현하기 때문에 현재완료(have + p.p.) 시제인 **It's been [소요 시간]**을 써줍니다. ❷ 접속사 since로 기준 시점을 표현하는데, 특정 시점을 찍은 것이기 때문에 **과거 시제로** 써줍니다. 예를 들어, '대학을 졸업한 지 오래됐어!'라고 하려면 이 구조를 써서 It's been a long time since I graduated college.라고 하면 되죠.

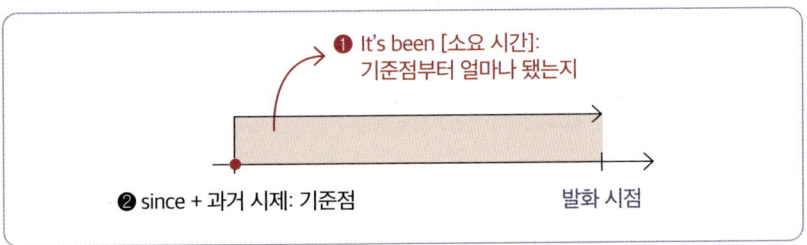

🔖 네모 바꿔 끼우기

It's been	forever 평생 (오래됐다는 말을 강조)	since	we **got** together! 모인 지
	10 years 10년		I **started** learning English. 영어 공부를 시작한 지

🔍 ZOOM IN 2. 그렇게 해주세요

> **Please do so.** 그렇게 해주세요.

✧ 상대가 무언가를 해준다고 했을 때, '그렇게 해주세요'라는 의미로 Please do so.라고 대답할 수 있습니다. 때에 따라 다소 직선적이고 포멀하게 들릴 수 있어요. 부드럽게 하고 싶다면 That would be great.라고 해보세요.

📃 예시 다이얼로그 읽어보기

> A: I ordered a soy latte, but this tastes like regular milk.
> B: I'm sorry about that. I'll check with the barista and get you a new soy latte.　　　　　A: **Please do so.** Thank you.
>
> A: 두유라떼 시켰는데, 이건 일반 우유 맛이 나네요. / B: 죄송해요. 바리스타와 확인한 뒤 두유라떼로 새로 만들어 드릴게요. / A: **그렇게 해주세요.** 감사합니다.

🔍 ZOOM IN 3. 현재완료의 쓰임: 최근에 발생한 일이 현재 영향을 미칠 때

> There's been a delay in your meal . There's been a disturbance in the kitchen , but we're taking care of it.
> 식사 준비에 지연이 있습니다. 주방에 일이 좀 있었는데 해결 중이에요.

✧ 현재완료를 '과거부터 지금까지 쭉 ~해왔다'로만 생각하는 분들이 많지만, 사실 그보다 쓰임이 훨씬 넓어요. **최근에 발생한 일이 말하는 시점까지 큰 영향을 미칠 때도** 많이 사용합니다. disturbance(방해, 소란)가 계속해서 쭉 있는 상황이 아니더라도, 현재 완전히 해결된 것이 아니기 때문에 There was 대신 There's been이 쓰였어요.

🔍 네모 바꿔 끼우기

There's been	a change in the schedule. 일정에 변동이 있어요. (일정 변동으로 출근시간이나 다른 일정이 바뀌어야 하는 상황)
	an issue with the payment. 지불에 문제가 있어요. (지불에 문제가 있어서 다시 시도하거나 다른 지불 방법을 요청하는 상황)

DAY 46
웨이터에게 문의하기 OUTPUT

관련영상: 식당 음식 안 나올 때 30분 대기 가능?

OUTPUT 1
단어 채워 말하기
대화를 잘 듣고 빈칸에 알맞은 단어를 쓰세요.

▶ 46-1.mp3

C: Excuse me? 저기 죄송한데요.

W: Yes, how can I help you? 네, 어떻게 도와드릴까요?

C: Well, it's _____ over 30 minutes _____ we placed our order. We haven't even received our drinks _____. 그게, 저희 주문한 지 30분이 넘었는데요, 아직 음료도 못 받았어요.

W: Kindly give me a _____ of minutes. I'll check the _____ of your order. 잠시만(1~2분 정도) 기다려 주시겠습니까? 주문 상태(현황)를 확인하겠습니다.

C: Please do _____. 그렇게 해주세요.

W: (later) There's been a _____ in your meal. There's been a _____ in the kitchen, but we're taking _____ of it. Your entire order will be on your table within the next 5 minutes. I'm very sorry. (잠시 후) 식사 준비에 지연이 있습니다. 주방에 일(방해, 소란)이 좀 있었는데 해결(하고 있는) 중이에요. 주문하신 음식 모두 5분 안에 테이블로 가져다 드리겠습니다. 정말 죄송합니다.

C: Well, thank you for _____ me _____. 아 네 뭐, 알려주셔서 감사해요.

W: I _____ you it will never happen again. As a token of our _____, we won't _____ you for the drinks today. 장담컨대 다시는 이런 일이 없을 겁니다. 사과의 의미로, 오늘 음료 값은 청구하지 않겠습니다.

구문 채워 말하기

대화를 잘 듣고 빈칸에 알맞은 구문을 쓰세요.

🔊 46-2.mp3

C: Excuse me? 저기 죄송한데요.

W: Yes, how can I help you? 네, 어떻게 도와드릴까요?

C: Well, _____ we placed our order. We _____ our drinks _____.
그게, 저희 주문한 지 30분이 넘었는데요, 아직 음료도 못 받았어요.

W: _____ a _____. I'll check _____.
잠시만(1~2분 정도) 기다려 주시겠습니까? 주문 상태(현황)를 확인하겠습니다.

C: Please _____.
그렇게 해주세요.

W: (later) _____ a _____ in your meal. _____ a _____ in the kitchen, but we're _____. Your entire order will be on your table _____ 5 minutes. I'm very sorry.
(잠시 후) 식사 준비에 지연이 있습니다. 주방에 일(방해, 소란)이 좀 있었는데 해결(하고 있는) 중이에요. 주문하신 음식 모두 (앞으로) 5분 안에 테이블로 가져다 드리겠습니다. 정말 죄송합니다.

C: Well, thank you for _____.
아 네 뭐, 알려주셔서 감사해요.

W: _____ it will never happen again. As _____, we won't _____ _____ today.
장담컨대 다시는 이런 일이 없을 겁니다. 사과의 의미로, 오늘 음료 값은 청구하지 않겠습니다.

205

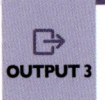

OUTPUT 3 문장 채워 말하기
대화를 잘 듣고 빈칸에 알맞은 문장을 쓰세요.

▶ 46-3.mp3

C: Excuse me? 저기 죄송한데요.

W: Yes, how can I help you? 네, 어떻게 도와드릴까요?

C: Well, _____
_____. We _____.
그게, 저희 주문한 지 30분이 넘었는데요, 아직 음료도 못 받았어요.

W: _____.
_____.
잠시만(1~2분 정도) 기다려 주시겠습니까? 주문 상태(현황)를 확인하겠습니다.

C: _____.
그렇게 해주세요.

W: (later) _____.
_____, but
_____. Your entire order will be on
your table _____. I'm very sorry.
(잠시 후) 식사 준비에 지연이 있습니다. 주방에 일(방해, 소란)이 좀 있었는데 해결(하고 있는) 중이에요. 주문하신 음식 모두 (앞으로) 5분 안에 테이블로 가져다 드리겠습니다. 정말 죄송합니다.

C: Well, _____.
아 네 뭐, 알려주셔서 감사해요.

W: _____.
_____, we _____
_____.
장담컨대 다시는 이런 일이 없을 겁니다. 사과의 의미로, 오늘 음료 값은 청구하지 않겠습니다.

원어민과 똑같이 말하기

OUTPUT 4

대화를 들으며 똑같이 따라 말해보세요. 녹음을 하면 더 좋습니다.

▶ 46-4.mp3

C: Excuse me? 저기 죄송한데요.

W: Yes, how can I help you? 네, 어떻게 도와드릴까요?

C: Well, it's been over 30 minutes since we placed our order. We haven't even received our drinks yet.
그게, 저희 주문한 지 30분이 넘었는데요, 아직 음료도 못 받았어요.

W: Kindly give me a couple of minutes. I'll check the status of your order.
잠시만(1~2분 정도) 기다려 주시겠습니까? 주문 상태(현황)를 확인하겠습니다.

C: Please do so.
그렇게 해주세요.

W: (later) There's been a delay in your meal. There's been a disturbance in the kitchen, but we're taking care of it. Your entire order will be on your table within the next 5 minutes. I'm very sorry. (잠시 후) 식사 준비에 지연이 있습니다. 주방에 일(방해, 소란)이 좀 있었는데 해결(하고 있는) 중이에요. 주문하신 음식 모두 5분 안에 테이블로 가져다 드리겠습니다. 정말 죄송합니다.

C: Well, thank you for letting me know.
아 네 뭐, 알려주셔서 감사해요.

W: I assure you it will never happen again. As a token of our apologies, we won't charge you for the drinks today. 장담컨대 다시는 이런 일이 없을 겁니다. 사과의 의미로, 오늘 음료 값은 청구하지 않겠습니다.

✓ **Self Checklist** 섀도잉하는 내 목소리를 녹음한 후, 녹음본을 들으며 평가해 보세요.

회차별로 평가하기 (A~D로)	1st	2nd	3rd
최대한 똑같은 속도로 따라 했다.			
최대한 정확한 발음과 강세로 따라 했다.			
INPUT에서 공부했던 내용이 기억난다.			

DAY 47
식당에서 컴플레인하기 → INPUT

▶ 관련영상: 미국 식당에서 생뚱맞은 음식이 나온다면?

INPUT 1 | 귀 쫑긋 상황 파악
대화를 듣고 두 사람이 어떤 말을 주고받고 있는지 파악해 보세요.   ▶ 47-1.mp3

C: Excuse me.

W: Yes, how can I help you?

C: This is not what I ordered. I ordered waffles. Also, instead of iced americano, I got iced mocha.

W: I'm so sorry, ma'am. So, you didn't order the iced mocha?

C: No, I didn't. Could you correct my order?

W: My apologies. There must have been a mistake. If you could bear with me for a moment, I'll get you the correct order.

W: (later) Here are your waffles and the iced americano. I'm so sorry about this. Your order got mixed up with the table next to yours.

C: That's understandable. Thank you.

귀 쫑긋 입 뻥긋

우리말을 보면서 영어 문장을 따라 해보세요.
(왼쪽 영어 문장을 보면서 따라 읽어도 좋습니다.)

▶ 47-2.mp3

C: 저기 죄송한데요.

W: 네, 어떻게 도와드릴까요(무슨 일이신가요)?

C: 이건 제가 시킨 음식이 아니에요. 저는 와플을 시켰어요. 그리고 아이스아메리카노 대신에 아이스모카가 나왔어요(를 받았어요).

W: 정말 죄송합니다, 손님. 아이스모카를 시키지 않으신 거죠?

C: 네, 안 시켰어요. 시킨 음식으로 다시 가져다주실 수 있나요?

W: 죄송합니다. 착오가 있었나 봐요. 조금만 기다려주실 수 있으시다면, 시키신 메뉴로 다시 가져다 드리겠습니다.

W: (잠시 후) 여기 주문하신 와플과 아이스아메리카노입니다. 정말 죄송하게 됐습니다. 옆 테이블과 주문이 뒤바뀌었어요.

C: 그럴 수 있죠. 감사합니다.

주요 표현 힌트 박스

[무엇] 대신에	instead of [무엇]
[누구의] 주문을 바로잡다 (시킨 음식으로 다시 가져다주다)	correct someone's order
[무엇]이 있었나 봐요.	There must have been [무엇].
[누구]를 참고 기다려주다	bear with [누구]
뒤바뀌다	get mixed up
이해할 만한, 이해할 수 있는	understandable

ZOOM IN 한줌영어
주요 표현과 문법을 공부하고, 추가 단어로 다양하게 응용해 보세요. ● 47-3.mp3

🔍 ZOOM IN 1. ~가 있었나 봐요: must 활용하기

> My apologies. There must have been a mistake.
> 죄송합니다. 착오/실수가 있었나 봐요.

✧ 조동사 must는 '확신'의 조동사로 기억해두면 좋습니다. 대화에서 웨이터가 주방 혹은 서빙 과정에서 실수가 있었다는 것에 대해 어느 정도 확신을 가지고 있긴 하지만, 아직 확인한 상황은 아니지요. 그럴 때 There was a mistake.(팩트) 대신, **There must have been a mistake.**(어느 정도의 확신)라고 말하게 됩니다. (TIP: must 뒤에는 과거형이 올 수 없기 때문에, have p.p. 형태로 씁니다.)

💬 네모 바꿔 끼우기

There must have been	a misunderstanding. 오해가 있었나 봐요.
	an accident here! 여기 사고 났었나 봐!

🔍 ZOOM IN 2. 예의 바르게 요청하기 ④ ~해주실 수 있다면

> If you could bear with me for a moment, I'll get you the correct order.
> 조금만 기다려주실 수 있으시다면, 시키신 메뉴로 다시 가져다 드리겠습니다.

✧ 예의 바르게 요청하기 표현을 앞서 몇 가지 배웠었는데요, can 대신 could를 쓰면 더 예의 있어진다는 사실, 기억나나요(p.195 Zoom In 3)? 여기서도 **If you could [동사]**를 씀으로써 '~해주실 수 있다면'의 의미가 되어 한층 부드러워집니다.

🔍 네모 바꿔 끼우기

If you could	sign here 여기 서명해주실 수 있다면	,	I'll bring you a copy. 사본을 가져다 드릴게요.
	take a look at my draft 제 원고를 한번 봐주실 수 있다면		I'd really appreciate it. 정말 감사하겠습니다.

🔎 ZOOM IN **3. 상대의 사과에 반응하기**

> W: I'm so sorry about this. Your order got mixed up with the table next to yours.
>
> C: That's understandable.
>
> W: 정말 죄송하게 됐습니다. 옆 테이블과 주문이 뒤바뀌었어요.
>
> C: 그럴 수 있죠.

✦ 누군가가 사과를 했을 때 무조건 It's okay. 했던 경험, 있으신가요? 상황이나 기분에 따라 찰떡 표현으로 반응을 한다면 더욱 자연스러운 대화를 할 수 있을 거예요.

🔍 네모 바꿔 끼우기

괜찮을 때 쓸 만한 표현	• Don't worry about it. / No worries. 걱정 마요. 신경 쓰지 마요.
	• No need to apologize. 사과하실 필요 없어요.
	• You're good. 괜찮아요. 신경 쓰지 마요.
별로 괜찮지 않지만 예의를 지키고 싶을 때 쓸 만한 표현	• That's understandable. 그럴 수 있죠.
	• I appreciate your apology. 사과해줘서 고마워요.

DAY 48

식당에서 컴플레인하기 ▶ OUTPUT

▶ 관련영상: 미국 식당에서 생뚱맞은 음식이 나온다면?

OUTPUT 1 — 단어 채워 말하기 🎧
대화를 잘 듣고 빈칸에 알맞은 단어를 쓰세요.

▶ 48-1.mp3

C: Excuse me. 저기 죄송한데요.

W: Yes, how can I help you? 네, 어떻게 도와드릴까요(무슨 일이신가요)?

C: This is not _____ I ordered. I ordered waffles. Also, _____ of iced americano, I _____ iced mocha.
이건 제가 시킨 음식(것)이 아니에요. 저는 와플을 시켰어요. 그리고 아이스아메리카노 대신에 아이스모카가 나왔어요(를 받았어요).

W: I'm so sorry, ma'am. So, you didn't _____ the iced mocha? 정말 죄송합니다, 손님. 아이스모카를 시키지 않으신 거죠?

C: No, I didn't. Could you _____ my order?
네, 안 시켰어요. 시킨 음식으로 다시 가져다(바로잡아) 주실 수 있나요?

W: My _____. There _____ have been a mistake. If you could _____ with me for a moment, I'll get you the _____ order. 죄송합니다. 착오가 있었나 봐요. 조금만 기다려주실 수 있으시다면, 시키신(바로잡은) 메뉴로 다시 가져다 드리겠습니다.

W: (later) Here are your waffles and the iced americano. I'm so sorry _____ this. Your order got _____ up with the table next to yours.
(잠시 후) 여기 주문하신 와플과 아이스아메리카노입니다. (이 점에 대해) 정말 죄송하게 됐습니다. 옆 테이블과 주문이 뒤바뀌었어요.

C: That's _____. Thank you. 그럴 수 있죠. 감사합니다.

구문 채워 말하기

대화를 잘 듣고 빈칸에 알맞은 구문을 쓰세요.

▶ 48-2.mp3

C: Excuse me.
저기 죄송한데요.

W: Yes, how can I help you?
네, 어떻게 도와드릴까요(무슨 일이신가요)?

C: This is _____. I ordered waffles. Also, _____ iced americano, I _____.
이건 제가 시킨 음식이 아니에요. 저는 와플을 시켰어요. 그리고 아이스아메리카노 대신에 아이스모카가 나왔어요(를 받았어요).

W: I'm so sorry, ma'am. So, _____ the iced mocha?
정말 죄송합니다, 손님. 아이스모카를 시키지 않으신 거죠?

C: No, I didn't. Could you _____?
네, 안 시켰어요. 시킨 음식으로 다시 가져다주실 수 있나요?

W: _____. _____ a mistake. If you could _____ for a moment, I'll get you the _____.
죄송합니다. 착오가 있었나 봐요. 조금만 기다려주실 수 있으시다면, 시키신 메뉴로 다시 가져다 드리겠습니다.

W: (later) Here are your waffles and the iced americano. I'm so sorry about this. Your order _____ the table next to yours.
(잠시 후) 여기 주문하신 와플과 아이스아메리카노입니다. 정말 죄송하게 됐습니다. 옆 테이블과 주문이 뒤바뀌었어요.

C: _____. Thank you.
그럴 수 있죠. 감사합니다.

문장 채워 말하기

OUTPUT 3

대화를 잘 듣고 빈칸에 알맞은 문장을 쓰세요.

▶ 48-3.mp3

C: Excuse me.
저기 죄송한데요.

W: Yes, how can I help you?
네, 어떻게 도와드릴까요(무슨 일이신가요)?

C: _____. I ordered waffles. Also, _____ iced americano, _____.
이건 제가 시킨 음식이 아니에요. 저는 와플을 시켰어요. 그리고 아이스아메리카노 대신에 아이스모카가 나왔어요(를 받았어요).

W: I'm so sorry, ma'am. So, _____ _____?
정말 죄송합니다, 손님. 아이스모카를 시키지 않으신 거죠?

C: No, I didn't. _____?
네, 안 시켰어요. 시킨 음식으로 다시 가져다주실 수 있나요?

W: _____. _____. _____, I'll get you the _____.
죄송합니다. 착오가 있었나 봐요. 조금만 기다려주실 수 있으시다면, 시키신 메뉴로 다시 가져다 드리겠습니다.

W: (later) Here are your waffles and the iced americano. I'm so sorry about this. _____ _____.
(잠시 후) 여기 주문하신 와플과 아이스아메리카노입니다. 정말 죄송하게 됐습니다. 옆 테이블과 주문이 뒤바뀌었어요.

C: _____. Thank you.
그럴 수 있죠. 감사합니다.

원어민과 똑같이 말하기

3번 반복하고 내 것으로 만들기 ☑ ☐ ☐

대화를 들으며 똑같이 따라 말해보세요. 녹음을 하면 더 좋습니다.

▶ 48-4.mp3

C: Excuse me. 저기 죄송한데요.

W: Yes, how can I help you? 네, 어떻게 도와드릴까요(무슨 일이신가요)?

C: This is not what I ordered. I ordered waffles. Also, instead of iced americano, I got iced mocha.
이건 제가 시킨 음식이 아니에요. 저는 와플을 시켰어요. 그리고 아이스아메리카노 대신에 아이스모카가 나왔어요(를 받았어요).

W: I'm so sorry, ma'am. So, you didn't order the iced mocha? 정말 죄송합니다, 손님. 아이스모카를 시키지 않으신 거죠?

C: No, I didn't. Could you correct my order?
네, 안 시켰어요. 시킨 음식으로 다시 가져다주실 수 있나요?

W: My apologies. There must have been a mistake. If you could bear with me for a moment, I'll get you the correct order. 죄송합니다. 착오가 있었나 봐요. 조금만 기다려주실 수 있으시다면, 시키신 메뉴로 다시 가져다 드리겠습니다.

W: (later) Here are your waffles and the iced americano. I'm so sorry about this. Your order got mixed up with the table next to yours. (잠시 후) 여기 주문하신 와플과 아이스아메리카노입니다. 정말 죄송하게 됐습니다. 옆 테이블과 주문이 뒤바뀌었어요.

C: That's understandable. Thank you. 그럴 수 있죠. 감사합니다.

✓ **Self Checklist** 섀도잉하는 내 목소리를 녹음한 후, 녹음본을 들으며 평가해 보세요.

회차별로 평가하기 (A~D로)	1st	2nd	3rd
최대한 똑같은 속도로 따라 했다.			
최대한 정확한 발음과 강세로 따라 했다.			
INPUT에서 공부했던 내용이 기억난다.			

DAY 49

테이크아웃 vs 외식 ▶ INPUT

▶ 관련영상: 혼자 열띤 토론하는 영어쌤

INPUT 1 — 귀 쫑긋 상황 파악
대화를 듣고 두 사람이 어떤 말을 주고받고 있는지 파악해 보세요. ● 49-1.mp3

J: You know, I was thinking, it's always better to get takeout than to order in or eat out at a restaurant.

S: Why is that?

J: Well, first of all, it's a lot cheaper. We don't have to pay for the delivery fee, and especially when you eat at restaurants in the United States, you have to tip. So, that's also…very expensive.

S: Yeah, that's true. Plus, we can eat in the comfort of our home. So that's nice.

J: Mm-hmm, we can actually wear sweatpants and eat a lot more.

J: (10 minutes later) This looks crazy!

S: Damn!

J: And we can have Buddy with us when we eat!

귀 쫑긋 입 뻥긋

우리말을 보면서 영어 문장을 따라 해보세요.
(왼쪽 영어 문장을 보면서 따라 읽어도 좋습니다.)

▶ 49-2.mp3

INPUT 2

J: 있잖아, 내 생각인데 말이야, 배달시키거나 식당에 가서 먹는 것보다 포장하는 게 항상 더 좋은 것 같아.

S: 왜 그렇게 생각해?

J: 아니, 우선 무엇보다, 훨씬 싸잖아. 배달비도 안 내도 되고, 특히 미국 식당에서 먹을 땐 팁도 줘야 하잖아. 그러니까 그것도… 돈이 꽤 들지.

S: 응, 맞아. 게다가 집에서 편하게 먹을 수 있으니까. 그것도 좋지.

J: 그래, 사실 츄리닝 입고 훨씬 더 많이 먹을 수도 있잖아.

J: (10분 뒤) 비주얼 미쳤다!

S: 대박!

J: 그리고 먹을 때 버디(강아지)랑 같이 있을 수 있고!

📦 주요 표현 힌트 박스

배달시키다	order in
식당에 가서 먹다	eat out at a restaurant
포장하다	get takeout
무엇보다 (가장 먼저)	first of all
팁을 주다	tip (명사로만 많이 알고 있지만, 동사로도 사용돼요.)
집에서 편하게	in the comfort of one's home
츄리닝 바지	sweatpants
대박	damn (보통 부정적인 맥락에서 '망할, 젠장'이라는 뜻으로 사용되지만, 이처럼 격한 반응을 보일 때에도 쓰여요.)

ZOOM IN 한줄영어
INPUT 3 — 주요 표현과 문법을 공부하고, 추가 단어로 다양하게 응용해 보세요. ◎ 49-3.mp3

🔍 ZOOM IN 1. 부드럽게 내 의견 말하기 ②

You know, I was thinking, it's always better to get takeout than to order in or eat out at a restaurant .

있잖아, 내 생각인데 말이야, 배달시키거나 식당에 가서 먹는 것보다 포장하는 게 항상 더 좋은 것 같아.

◆ You know는 대화할 때 청자도 이미 알고 있는 내용을 말할 때에도 사용할 수 있는 표현이지만, 이처럼 대화 중 청자의 주의를 끌거나 부드럽게 이야기를 꺼낼 때도 쓸 수 있어요. 이때의 의미는 우리말로 '있잖아' 정도로 생각하면 됩니다. ◆ I was thinking 은 '내가 생각해보니까' 혹은 '내 생각엔 말야' 정도의 느낌으로, 과거진행형 시제를 써서 직접적인 주장보다는 조심스러운 의견 제시를 하는 느낌을 줄 수 있어요.

🔎 네모 바꿔 끼우기

You know, I was thinking,	there must have been a misunderstanding. 있잖아요, 생각해 보니까요, 뭔가 오해가 있었나 봐요.
	maybe we shouldn't think about it anymore. 있잖아, 내 생각인데, 우리 이제 그거에 대해 더 이상 생각하지 말아야 할 것 같아.

🔍 ZOOM IN 2. 부드럽게 이유 묻기

Why is that?

왜 그렇게 생각해?

✦ 상대가 본인의 생각을 말했을 때 왜 그렇게 생각하는지 궁금할 때가 있잖아요. 그럴 때 Why?라고 물어도 되지만, 맥락에 따라 무뚝뚝하거나 직설적인 질문으로 느껴질 수 있습니다. 우리말로도 다짜고짜 '왜?'라고 묻는 것이 그렇게 느껴지는 것처럼요. 대신 **Why is that?**이라고 하면 **비교적 부드럽게 추가적인 설명을 요청**할 수 있어요.

🔍 ZOOM IN 3. ~에서 편하게

> We can eat in the comfort of our home.
> 집에서 편하게 먹을 수 있어.

✦ comfort는 '편안함'이라는 의미를 가지고 있는 명사입니다. in the comfort of one's [장소]라고 하면 말 그대로 '[장소]의 편안한 상태에서'라는 뜻이 되고, 그곳에서 편안하게 무언가를 할 수 있다고 말할 때 쓸 수 있는 표현입니다.

🔖 네모 바꿔 끼우기

He's reading 그는 독서를 하고 있어	in the comfort of	his favorite chair. 그의 최애 의자에서 편하게.
I like studying English 영어 공부하는 것을 좋아해		a quiet cafe. 조용한 카페에서 편하게.

DAY 50
테이크아웃 vs 외식 ▶ OUTPUT

▶ 관련영상: 혼자 열띤 토론하는 영어쌤

영상&음성

OUTPUT 1 — **단어 채워 말하기**
대화를 잘 듣고 빈칸에 알맞은 단어를 쓰세요.   ● 50-1.mp3

J: You know, I ____ thinking, it's always better to ____ takeout than to order ____ or eat ____ at a restaurant.
있잖아, 내 생각인데 말이야, 배달시키거나 식당에 가서 먹는 것보다 포장하는 게 항상 더 좋은 것 같아.

S: Why is _____? 왜 그렇게 생각해?

J: Well, first of all, it's a ____ cheaper. We don't have to pay for the delivery ____, and especially when you eat at restaurants in the United States, you have to ____. So, that's also…very expensive.
아니, 우선 무엇보다, 훨씬 싸잖아. 배달비도 안 내도 되고, 특히 미국 식당에서 먹을 땐 팁도 줘야 하잖아. 그러니까 그것도… 돈이 꽤 들지.

S: Yeah, that's true. _____, we can eat in the _____ of our home. So that's nice.
응, 맞아. 게다가 집에서 편하게 먹을 수 있으니까. 그것도 좋지.

J: Mm-hmm, we can actually wear _____ and eat a lot more. 그래, 사실 츄리닝 입고 훨씬 더 많이 먹을 수도 있잖아.

J: (10 minutes later) This _____ crazy! (10분 뒤) 비주얼 미쳤다!

S: Damn! 대박!

J: And we can have Buddy with us when we eat!
그리고 먹을 때 버디랑 같이 있을 수 있고!

구문 채워 말하기

대화를 잘 듣고 빈칸에 알맞은 구문을 쓰세요.

▶ 50-2.mp3

J: You know, _____, it's always better to _____ than _____ or _____ at a restaurant.
있잖아, 내 생각인데 말이야, 배달시키거나 식당에 가서 먹는 것보다 포장하는 게 항상 더 좋은 것 같아.

S: Why _____?
왜 그렇게 생각해?

J: Well, _____, it's _____. We don't have to pay for _____, and especially when you eat at restaurants in the United States, you have to tip. So, that's also…very expensive.
아니, 우선 무엇보다, 훨씬 싸잖아. 배달비도 안 내도 되고, 특히 미국 식당에서 먹을 땐 팁도 줘야 하잖아. 그러니까 그것도… 돈이 꽤 들지.

S: Yeah, that's true. Plus, we can eat _____. So that's nice.
응, 맞아. 게다가 집에서 편하게 먹을 수 있으니까. 그것도 좋지.

J: Mm-hmm, we can actually wear sweatpants and _____.
그래, 사실 츄리닝 입고 훨씬 더 많이 먹을 수도 있잖아.

J: (10 minutes later) This _____!
(10분 뒤) 비주얼 미쳤다!

S: Damn!
대박!

J: And _____ Buddy with us when we eat!
그리고 먹을 때 버디랑 같이 있을 수 있고!

OUTPUT 3 문장 채워 말하기
대화를 잘 듣고 빈칸에 알맞은 문장을 쓰세요. 50-3.mp3

J: _____, _____, _____
   _____.
   있잖아, 내 생각인데 말이야, 배달시키거나 식당에 가서 먹는 것보다 포장하는 게 항상 더 좋은 것 같아.

S: _____?
   왜 그렇게 생각해?

J: Well, _____, _____. _____
   _____, and especially when you eat at restaurants in the United States, you have to tip. So, that's also…very expensive.
   아니, 우선 무엇보다, 훨씬 싸잖아. 배달비도 안 내도 되고, 특히 미국 식당에서 먹을 땐 팁도 줘야 하잖아. 그러니까 그것도… 돈이 꽤 들지.

S: Yeah, that's true. Plus, _____
   _____. So that's nice.
   응, 맞아. 게다가 집에서 편하게 먹을 수 있으니까. 그것도 좋지.

J: Mm-hmm, _____
   _____.
   그래, 사실 츄리닝 입고 훨씬 더 많이 먹을 수도 있잖아.

J: (10 minutes later) This looks crazy!
   (10분 뒤) 비주얼 미쳤다!

S: Damn!
   대박!

J: And we can have Buddy with us when we eat!
   그리고 먹을 때 버디랑 같이 있을 수 있고!

3번 반복하고 내 것으로 만들기

원어민과 똑같이 말하기

대화를 들으며 똑같이 따라 말해보세요. 녹음을 하면 더 좋습니다.

▶ 50-4.mp3

J: You know, I was thinking, it's always better to get takeout than to order in or eat out at a restaurant.
있잖아, 내 생각인데 말이야, 배달시키거나 식당에 가서 먹는 것보다 포장하는 게 항상 더 좋은 것 같아.

S: Why is that? 왜 그렇게 생각해?

J: Well, first of all, it's a lot cheaper. We don't have to pay for the delivery fee, and especially when you eat at restaurants in the United States, you have to tip. So, that's also…very expensive. 아니, 우선 무엇보다, 훨씬 싸잖아. 배달비도 안 내도 되고, 특히 미국 식당에서 먹을 땐 팁도 줘야 하잖아. 그러니까 그것도… 돈이 꽤 들지.

S: Yeah, that's true. Plus, we can eat in the comfort of our home. So that's nice.
응, 맞아. 게다가 집에서 편하게 먹을 수 있으니까. 그것도 좋지.

J: Mm-hmm, we can actually wear sweatpants and eat a lot more. 그래, 사실 츄리닝 입고 훨씬 더 많이 먹을 수도 있잖아.

J: (10 minutes later) This looks crazy! (10분 뒤) 비주얼 미쳤다!

S: Damn! 대박!

J: And we can have Buddy with us when we eat!
그리고 먹을 때 버디랑 같이 있을 수 있고!

✓ **Self Checklist** 섀도잉하는 내 목소리를 녹음한 후, 녹음본을 들으며 평가해 보세요.

회차별로 평가하기 (A~D로)	1st	2nd	3rd
최대한 똑같은 속도로 따라 했다.			
최대한 정확한 발음과 강세로 따라 했다.			
INPUT에서 공부했던 내용이 기억난다.			

- ▶ 폰이 죽었다고?
- ▶ 엉덩이 전화
- ▶ 읽씹 안읽씹
- ▶ 맥주 한잔?
- ▶ 고백

6

연애 영어

Dating Conversations

DAY 51

폰이 죽었다고? → INPUT

▶ 관련영상: '배터리 나갔어' 원어민은 ran out보다 이것!

INPUT 1 — 귀 쫑긋 상황 파악
대화를 듣고 두 사람이 어떤 말을 주고받고 있는지 파악해 보세요. ▶ 51-1.mp3

S: Hey, Jamie! Wassup? 🔍 **You know I texted you the other day, last night, and... just now!**

J: Uh, Steve. Hi!

S: (???)

J: 🔍 **Ah... Yeah... You know? "Ran out of battery?"**

S: Ah, your phone died.

J: Died? How can a phone die?

S: Well, when you don't have enough battery power, we usually say 🔍 **"my phone died."**

226

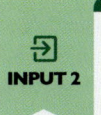

귀 쫑긋 입 뻥긋

우리말을 보면서 영어 문장을 따라 해보세요.
(왼쪽 영어 문장을 보면서 따라 읽어도 좋습니다.)

▶ 51-2.mp3

S: 야, 제이미! 별일 없어? 나 너한테 저번에랑, 어젯밤이랑… 방금도 문자했잖아!

J: 엇, 스티브. 하이!

S: (???)

J: 아… 으응… 있잖아. '배터리가 다 떨어졌다?'(고 하나?)

S: 아, 폰 죽었다고(배터리 나갔다고).

J: 죽었다? 폰이 어떻게 죽어?

S: 음, 우리(원어민들)는 배터리가 충분히 없(어서 꺼졌)을 때 보통 '폰이 죽었다'고 말해.

📦 주요 표현 힌트 박스

별일 없어? (가까운 사람에게 하는 가벼운 인사)	Wassup? (What's up?의 비격식체)
저번에, 얼마 전에	the other day (특정한 날짜는 기억하지 않지만 꽤 최근 일일 때)
방금	just now
~잖아 (청자도 어느 정도 알 것이라는 전제)	You know
배터리가 다 떨어지다	run out of battery
배터리가 충분히 없다	don't have enough battery power

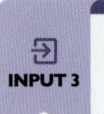

ZOOM IN 한줌영어
INPUT 3
주요 표현과 문법을 공부하고, 추가 단어로 다양하게 응용해 보세요.   ▶ 51-3.mp3

🔍 ZOOM IN 1. 전화 • 문자 관련 표현들 ①

> You know I texted you the other day, last night, and… just now!
>
> 나 너한테 저번에랑, 어젯밤이랑… 방금도 문자했잖아!

✧ '문자 보내다'를 send a text message라고 해도 되지만, 일상 생활에서는 text 자체를 동사처럼 써요. 문자(text, message)뿐 아니라, 서비스명(Katalk, FaceTime, DM) 등도 회화에서 종종 동사로 쓰이곤 합니다. 많이 쓰이는 것들을 아래 정리해 두었으니 꼭 확인하고 활용해 보세요.

💬 네모 바꿔 끼우기

You know I 나	messaged 문자했잖아	you the other day, last night, and… just now! 너한테 저번에랑, 어젯밤이랑… 방금도! How come you're not responding at all? 어째서 답을 전혀 안 해주는 거야?
	DM'ed DM 보냈잖아	
	FaceTimed 페이스타임 걸었잖아	
	Katalked 카톡 보냈잖아	
	WhatsApped 왓츠앱 보냈잖아	

🔍 ZOOM IN 2. 전화를 못 받았을 때 핑계대기

> My phone died.
> 폰 배터리가 나갔어.

✧ 전자기기 배터리가 다 떨어졌을 때 우리말로도 농담삼아 '전사했다'라는 말을 쓰죠? 영어에는 '죽었다'라는 재미있는 표현이 있어요. 핸드폰 말고 노트북(laptop), 태블릿(tablet) 등에도 쓸 수 있답니다.

🔍 ZOOM IN 3. 영어 추임새: You know

> ❶ You know I texted you the other day, last night, and... just now!
> 나 너한테 저번에랑, 어젯밤이랑… 방금도 문자했잖아!
>
> ❷ Ah... Yeah... You know? "Ran out of battery?"
> 아… 으응… 있잖아. '배터리가 다 떨어졌다?'(고 하나?)

✧ 영어 추임새는 filler words라고 하는데, 사람들이 생각이나 문장 사이 공백을 채울 때 사용하는 짧은 소리예요. 너무 과하게 사용한다면 말을 못하거나 불확실한 사람처럼 보일 수 있지만, 적당히 사용하면 오히려 영어를 더 자연스럽게 구사하는 느낌을 줄 수 있습니다. 그 중 You know는 가장 흔한 filler word 중 하나예요. 오늘 대화에서 나타난 쓰임은 ❶ 상황을 이미 인지하고 있는 상대에게 정보를 상기시키는 역할 ❷ 상대가 이해 혹은 공감하고 있는지 확인하고, 말의 내용을 자연스럽게 받아들일 기회를 주는 역할입니다.

위의 첫 번째 예문은 내가 문자를 많이 했다는 것을 상대도 알고 있을 것이라고 생각하는 상황이고, 두 번째 예문은 내가 아는 표현으로 우선 말하고 상대가 이해할 시간과 기회를 주려는 (혹은 더 자연스러운 표현으로 알려주기를 원하는) 상황입니다.

DAY 52
폰이 죽었다고? ▶ OUTPUT

▶ 관련영상: '배터리 나갔어' 원어민은 ran out보다 이것!

OUTPUT 1 · 단어 채워 말하기
대화를 잘 듣고 빈칸에 알맞은 단어를 쓰세요.   ▶ 52-1.mp3

S: Hey, Jamie! Wassup? You know I _____ you the _____ day, last night, and… just now!
야, 제이미! 별일 없어? 나 너한테 저번에랑, 어젯밤이랑… 방금도 문자했잖아!

J: Uh, Steve. Hi!
엇, 스티브. 하이!

S: (???)
(???)

J: Ah… Yeah… You know? "_____ out of battery?"
아… 으응… 있잖아. '배터리가 다 떨어졌다?'(고 하나?)

S: Ah, your phone _____.
아, 폰 죽었다고(배터리가 나갔다고).

J: Died? How can a phone die?
죽었다? 폰이 어떻게 죽어?

S: Well, when you don't have _____ battery power, we _____ say "my phone died."
음, 우리(원어민들)는 배터리가 충분히 없(어서 꺼졌)을 때 보통 '폰이 죽었다'고 말해.

구문 채워 말하기
대화를 잘 듣고 빈칸에 알맞은 구문을 쓰세요.

▶ 52-2.mp3

S: Hey, Jamie! Wassup? You know I _____, last night, and... _____!
야, 제이미! 별일 없어? 나 너한테 저번에랑, 어젯밤이랑… 방금도 문자했잖아!

J: Uh, Steve. Hi!
엇, 스티브 하이!

S: (???)
(???)

J: Ah... Yeah... You know? "_____?"
아… 으응… 있잖아. '배터리가 다 떨어졌다?'(고 하나?)

S: Ah, _____.
아, 폰 죽었다고(배터리가 나갔다고).

J: Died? How can a phone die?
죽었다? 폰이 어떻게 죽어?

S: Well, when you _____, we _____ say "my phone died."
음, 우리(원어민들)는 배터리가 충분히 없(어서 꺼졌)을 때 보통 '폰이 죽었다'고 말해.

문장 채워 말하기 🔊

대화를 잘 듣고 빈칸에 알맞은 문장을 쓰세요.

▶ 52-3.mp3

S: Hey, Jamie! Wassup? You know _____
_____!
야, 제이미! 별일 없어? 나 너한테 저번에랑, 어젯밤이랑… 방금도 문자했잖아!

J: Uh, Steve. Hi!
엇, 스티브. 하이!

S: (???)
(???)

J: Ah... Yeah... You know? "_____?"
아… 으응… 있잖아. '배터리가 다 떨어졌다?'(고 하나?)

S: Ah, _____.
아, 폰 죽었다고(배터리가 나갔다고).

J: Died? How can a phone die?
죽었다? 폰이 어떻게 죽어?

S: Well, _____,
we _____ "my phone died."
음, 우리(원어민들)는 배터리가 충분히 없(어서 꺼졌)을 때 보통 '폰이 죽었다'고 말해.

원어민과 똑같이 말하기

OUTPUT 4

대화를 들으며 똑같이 따라 말해보세요. 녹음을 하면 더 좋습니다.

▶ 52-4.mp3

3번 반복하고 내 것으로 만들기

S: Hey, Jamie! Wassup? You know I texted you the other day, last night, and... just now!
야, 제이미! 별일 없어? 나 너한테 저번에랑, 어젯밤이랑… 방금도 문자했잖아!

J: Uh, Steve. Hi!
엇, 스티브. 하이!

S: (???)
(???)

J: Ah... Yeah... You know? "Ran out of battery?"
아… 으응… 있잖아. '배터리가 다 떨어졌다?'(고 하나?)

S: Ah, your phone died.
아, 폰 죽었다고(배터리가 나갔다고).

J: Died? How can a phone die?
죽었다고? 폰이 어떻게 죽어?

S: Well, when you don't have enough battery power, we usually say "my phone died."
음, 우리(원어민들)는 배터리가 충분히 없(어서 꺼졌)을 때 보통 '폰이 죽었다'고 말해.

✓ **Self Checklist** 섀도잉하는 내 목소리를 녹음한 후, 녹음본을 들으며 평가해 보세요.

회차별로 평가하기 (A~D로)	1st	2nd	3rd
최대한 똑같은 속도로 따라 했다.			
최대한 정확한 발음과 강세로 따라 했다.			
INPUT에서 공부했던 내용이 기억난다.			

DAY 53

엉덩이 전화 INPUT

▶ 관련영상: '전화 잘못 걸었어' 영어로? "Wrong" 아님

INPUT 1 — 귀 쫑긋 상황 파악

대화를 듣고 두 사람이 어떤 말을 주고받고 있는지 파악해 보세요. ▶ 53-1.mp3

S: (sigh) 🔍 How come she's not responding at all? She's not even reading it. 🔍 I thought she liked me... Was she leading me on? (ring ring)

S: @_@ WAIT WHAT??? (clearing his throat) Oh, hi, Jamie!? Wa...Wassup?

J: (...) Uh... who's this?

S: ??? Huh? It's...It's Steve!

J: Actually, Steve, 🔍 it was a butt dial. Sorry.

S: Oh, totally fine. Don't worry about it.

귀 쫑긋 입 뻥긋
우리말을 보면서 영어 문장을 따라 해보세요.
(왼쪽 영어 문장을 보면서 따라 읽어도 좋습니다.)

▶ 53-2.mp3

S: (한숨) 어째서 얘는 **전혀 답장을 안 하냐**? 읽지도 않고 있네. 나 좋아하는 줄 알았는데… **어장관리**였나? (따르릉 따르릉)

S: 엥??? 뭐지??? **(목청을 가다듬으며)** 어, 하이, 제이미!? 어…어쩐 일이야?

J: (…) 어… 누구세요?

S: 엥? 나… 나 스티브야!

J: 앗 스티브, 사실 (잘못 눌러서) **실수로 걸었어.** 미안.

S: 아, 완전 괜찮아. **신경 쓰지 마.**

📦 주요 표현 힌트 박스

반응하다	respond (문자 상황에서는 답장, 전화 상황에서는 전화 받는 것을 말함)
전혀 안 하는	not at all
[누구]를 어장관리하다	lead [누구] on
목청을 가다듬다, 헛기침하다	clear one's throat
(폰이 주머니나 가방에 있어서) 실수로 건 전화	a butt dial (butt 엉덩이)
신경 쓰지 마.	Don't worry about it.

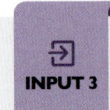

INPUT 3 — **ZOOM IN 한줌영어**
주요 표현과 문법을 공부하고, 추가 단어로 다양하게 응용해 보세요. ▶ 53-3.mp3

🔍 ZOOM IN 1. 전화·문자 관련 표현들 ②

> How come she's not responding at all?
> 어째서 얘는 전혀 반응(답장)을 안 하냐?

✦ **respond**는 원래 '반응하다'라는 뜻이지만, 연락(전화, 문자)에 답을 하는 것도 표현할 수 있어요. ✦ **How come**은 '어째서'라는 의미로, '왜'를 의미하는 Why와 조금의 뉘앙스 차이가 있습니다. 좀 더 캐주얼한 느낌 혹은 감정(놀라움, 화남, 답답함 등)이 더 들어간 느낌을 줘요. 뉘앙스 차이뿐 아니라 어순의 차이도 있는데요, Why는 의문사라서 일반적인 의문문 어순으로 말합니다. 반면에 How come은 **How does it come that+절?**의 줄임말이기 때문에 절 어순을 그대로 가져가요. (원래 형태는 안 쓰이기 때문에 기억하지 않아도 됩니다. 어순만 주의하기!)

🔖 네모 바꿔 끼우기

How come 어째서	you're late again? 또 늦은 거야?
	the meeting got rescheduled? 미팅 날짜가 바뀐 거야?
	you didn't show up the other day? 저번에 안 나타난 거야?

🔍 ZOOM IN 2. 전화를 잘못 걸었을 때 핑계대기

> It was a butt dial. Sorry.
> 실수로 걸었어. 미안해.

✦ '엉덩이'를 영어로 hip이라고 생각하는 분들이 많은데, hip은 사실 엉덩이의 통통한 정면보다는 측면에 튀어나온 부분을 가리킬 때 더 많이 사용해요. butt이 우리가 생각하는 엉덩이에 가까워요. 폰을 바지 뒷주머니에 넣고 통화 버튼이 잘못 눌린 것을 '엉덩

이로 건 전화'라고 해서 a butt dial이라고 표현하게 되었고, 이제는 어떤 식이든 '**실수로 전화를 건 경우**'에 폭넓게 쓰이고 있어요.

🔍 ZOOM IN 3. 착각했을 때: '~인 줄 알았다'

> I **thought** she liked me... Was she **leading me on**?
> 나 좋아하는 줄 알았는데… 어장관리였나?

✦ '**~인 줄 알았다**'는 think의 과거형인 **thought**로 표현할 수 있어요. 그렇게 '생각한' 것이기 때문이에요. 그런데 여기서 중요한 것은 착각한 내용의 시제인데요, '생각했다'를 의미하는 동사의 시제와 맞춰주는 것이 정석입니다. 어디까지나 생각한 순간을 기준으로 유효한 내용이기 때문이에요. (said에 대해서도 아주 비슷한 내용을 공부했었어요! p.160 Zoom In 2 참조)

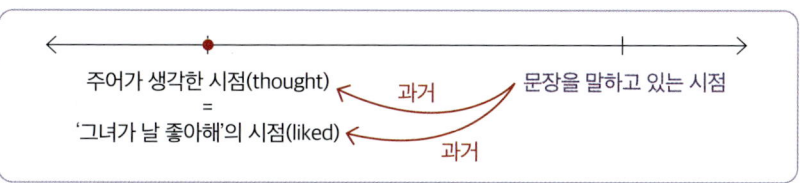

✦ 우리말에서 '**어장관리**'는 상대방에게 관심 있는 것처럼 행동하지만, 사실은 진지한 감정이 없는 상태를 의미하죠. 영어로는 이를 lead [**누구**] on이라고 표현하는데요, lead는 '이끌다'라는 뜻이고, on은 그 행동이 계속되는 상태를 나타내요. 즉, 상대방이 착각하도록 유도하는 뉘앙스죠. 어장관리 당하는 사람을 lead와 on 사이에 넣어 표현하는 것도 잊지 마세요!

DAY 54

엉덩이 전화 ▶ OUTPUT

▶ 관련영상: '전화 잘못 걸었어' 영어로? "Wrong" 아님

OUTPUT 1 단어 채워 말하기
대화를 잘 듣고 빈칸에 알맞은 단어를 쓰세요.   ▶ 54-1.mp3

S: (sigh) How _____ she's not _____ at all? She's not even reading it. I _____ she liked me… Was she leading me _____? (ring ring)
(한숨) 어째서 얘는 전혀 답장을 안 하나? 읽지도 않고 있네. 나 좋아하는 줄 알았는데… 어장관리였나? (따르릉 따르릉)

S: @_@ WAIT WHAT??? (clearing his throat) Oh, hi, Jamie!? Wa…Wassup?
엥??? 뭐지??? (목청을 가다듬으며) 어, 하이, 제이미!? 어…어쩐 일이야?

J: (…) Uh… who's _____?
(…) 어… 누구세요?

S: ??? Huh? It's…It's Steve!
엥? 나… 나 스티브야!

J: Actually, Steve, it was a _____ dial. Sorry.
앗 스티브, 사실 (잘못 눌러서) 실수로 걸었어. 미안.

S: Oh, _____ fine. Don't worry _____ it.
아, 완전 괜찮아. (그거에 대해서는) 신경 쓰지 마.

238

구문 채워 말하기

대화를 잘 듣고 빈칸에 알맞은 구문을 쓰세요.

▶ 54-2.mp3

S: (sigh) _____ she's not responding _____?
She's not even reading it. _____ she
_____ me... Was she _____? (ring ring)
(한숨) 어째서 얘는 전혀 답장을 안 하냐? 읽지도 않고 있네. 나 좋아하는 줄 알았는데… 어장관리였나? (따르릉 따르릉)

S: @_@ WAIT WHAT??? (clearing his throat) Oh, hi, Jamie!?
Wa…Wassup?
엥??? 뭐지??? (목청을 가다듬으며) 어, 하이, 제이미!? 어…어쩐 일이야?

J: (…) Uh… who's this?
(…) 어… 누구세요?

S: ??? Huh? It's…It's Steve!
엥? 나… 나 스티브야!

J: Actually, Steve, it was a butt dial. Sorry.
앗 스티브, 사실 (잘못 눌러서) 실수로 걸었어. 미안.

S: Oh, totally fine. _____ about it.
아, 완전 괜찮아. 신경 쓰지 마.

문장 채워 말하기
대화를 잘 듣고 빈칸에 알맞은 문장을 쓰세요.

▶ 54-3.mp3

S: (sigh) _____?
_____. _____
_____… _____?
(ring ring)
(한숨) 어째서 얘는 전혀 답장을 안 하냐? 읽지도 않고 있네. 나 좋아하는 줄 알았는데… 어장관리였나? (따르릉 따르릉)

S: @_@ WAIT WHAT??? (clearing his throat) Oh, hi, Jamie!? Wa…Wassup?
엥??? 뭐지??? (목청을 가다듬으며) 어, 하이, 제이미!? 어…어쩐 일이야?

J: (…) Uh… who's this?
(…) 어… 누구세요?

S: ??? Huh? It's…It's Steve!
엥? 나… 나 스티브야!

J: Actually, Steve, _____. Sorry.
앗 스티브, 사실 (잘못 눌러서) 실수로 걸었어. 미안.

S: Oh, totally fine. Don't worry about it.
아, 완전 괜찮아. 신경 쓰지 마.

3번 반복하고 내 것으로 만들기

원어민과 똑같이 말하기

OUTPUT 4

대화를 들으며 똑같이 따라 말해보세요. 녹음을 하면 더 좋습니다.

▶ 54-4.mp3

S: (sigh) How come she's not responding at all? She's not even reading it. I thought she liked me... Was she leading me on? (ring ring)
(한숨) 어째서 얘는 전혀 답장을 안 하나? 읽지도 않고 있네. 나 좋아하는 줄 알았는데… 어장관리였나? (따르릉 따르릉)

S: @_@ WAIT WHAT??? (clearing his throat) Oh, hi, Jamie!? Wa…Wassup?
엥??? 뭐지??? (목청을 가다듬으며) 어, 하이, 제이미!? 어…어쩐 일이야?

J: (…) Uh… who's this?
(…) 어… 누구세요?

S: ??? Huh? It's…It's Steve!
엥? 나… 나 스티브야!

J: Actually, Steve, it was a butt dial. Sorry.
앗 스티브, 사실 (잘못 눌러서) 실수로 걸었어. 미안.

S: Oh, totally fine. Don't worry about it.
아, 완전 괜찮아. 신경 쓰지 마.

✓ **Self Checklist** 섀도잉하는 내 목소리를 녹음한 후, 녹음본을 들으며 평가해 보세요.

회차별로 평가하기 (A~D로)	1st	2nd	3rd
최대한 똑같은 속도로 따라 했다.			
최대한 정확한 발음과 강세로 따라 했다.			
INPUT에서 공부했던 내용이 기억난다.			

DAY 55

읽씹 안읽씹 INPUT

▶ 관련영상: 99%가 제대로 못한다는 영어 위로 표현

INPUT 1 | 귀 쫑긋 상황 파악
대화를 듣고 두 사람이 어떤 말을 주고받고 있는지 파악해 보세요. ● 55-1.mp3

B: Steve, trust me. **If Jamie leaves you on unread every time, it's so obvious that she's not interested.**

S: You really... think so? (…) Yeah... **I think the more I become clingy, the more she's gonna hate me.**

B: Yeah, for sure. I know it's hard but it's definitely better for you to move on.

S: I'll try. Thanks for the advice, Bailey.

B: Hey, I understand how you're feeling. But Steve, time will heal everything. **Cheer up. Everything will be fine.**

INPUT 2

귀 쫑긋 입 뻥긋

우리말을 보면서 영어 문장을 따라 해보세요.
(왼쪽 영어 문장을 보면서 따라 읽어도 좋습니다.)

▶ 55-2.mp3

B: 스티브, 내 말 들어. 제이미가 너 계속 안읽씹 하는 거면, 걔가 너한테 관심 없는 거 완전 빼박이야.

S: 진짜… 그런 거 같아? (…) 맞아… 매달릴수록 더 날 싫어할 것 같아.

B: 완전 그래. 힘들겠지만, 잊고 털어버리는 게(넘어가는 게) 확실히 나아.

S: 해볼게. 조언 고마워, 베일리.

B: 야, 어떤 기분인지 알아. 근데 스티브, 시간이 해결해 줄 거야. 힘내. 다 괜찮아질 거야.

🎁 주요 표현 힌트 박스

내 말 들어	trust me ('나를 믿어'라는 의미로, 내 말에 확신이 있을 때 하는 말)
~인 것 완전 빼박이다	It's so obvious that + 절 (obvious 명백한)
A할수록 더 B한	the more 절A, the more 절B
매달리는, 집착적인	clingy
싫어하다	hate
완전 그래 (확실해)	for sure (동의할 때 많이 사용)
(다음 단계로) 넘어가다, 나아가다, 잊고 털어버리다	move on
조언	advice
(다운되고 슬픈 사람에게) 힘내.	Cheer up.

ZOOM IN 한줌영어
INPUT 3 주요 표현과 문법을 공부하고, 추가 단어로 다양하게 응용해 보세요. ▶ 55-3.mp3

🔍 ZOOM IN 1. 읽씹, 안읽씹 영어로

> If **Jamie leaves you on unread every time**, it's so obvious that **she's not interested**.
>
> 제이미가 너 계속 안읽씹 하는 거면, 걔가 너한테 관심 없는 거 완전 빼박이야.

✦ 소위 '읽씹(문자를 읽은 채로 답장하지 않는 것)'과 '안읽씹(문자가 온 것을 알지만 읽지는 않은 채로 답장하지 않는 것)'을 영어로 어떻게 표현하는지 궁금해하는 분들이 많은데요. 영어로는 단어 하나로 표현하는 대신, 풀어서 말해요. 아래 구조를 보면서 익혀보세요.

leave	[누구]	**on read**	**leave**	[누구]	**on unread**
남기다	누구를	읽은 상태로	남기다	누구를	읽지 않은 상태로

여기서 또 중요한 점은, read가 동사원형이 아니라, '읽힌'이라는 의미의 과거분사(p.p.) 이기 때문에 [ri:d(뤼ㄷ)]가 아닌 **[red(뤠ㄷ)]** 라고 읽어야 한다는 점입니다.

🔍 네모 바꿔 끼우기

If	he leaves me on read every time, 그가 나를 매번 읽씹하는 거라면,	it's so obvious that	he's not that into me. 나를 그닥 좋아하지 않는 게 분명해.
	she's leaving you on unread all night, 그녀가 너 밤새 안읽씹하는 거면,		she's having a blast. 엄청나게 즐거운 시간을 보내고 있는 게 뻔해.

🔍 ZOOM IN 2. ~할수록 더 ~하다

> I think the more I become clingy , the more she's gonna hate me .
>
> 매달릴**수록 더** 날 싫어할 것 같아.

✧ <the more + 절A, the more + 절B> 구조는 일상생활에 정말 많이 쓰여요. **하나의 상황이 더 계속될수록 혹은 많아질수록, 다른 상황도 그럴 거라는 말을 하고 싶을 때** 찰떡인 표현입니다. 두 가지 상황이 서로 정비례로 함께 증가하는 관계임을 강조할 때 자주 사용돼요.

🔖 네모 바꿔 끼우기

I think the more	I'm stressed out, 스트레스를 받을수록,	the more	I eat. 더 많이 먹는 것 같아.
	I think about it, 그걸 생각하면 할수록,		I'll be lost. 더 길을 잃을 것 같아(어떻게 헤쳐 나갈지 모를 것 같아).

🔍 ZOOM IN 3. 상대가 슬퍼할 때 위로하기

> Cheer up. Everything will be fine .
>
> **힘내.** 다 괜찮아질 거야.

✧ 상대가 처한 상황에 따라 위로할 수 있는 다양한 표현들이 있어요. 특히 Cheer up.은 그냥 '힘내.'라고 기억하는 경우가 많은데, 아무 때나 쓸 수 있는 것은 아니고 상대가 영상 속 스티브처럼 **슬프거나 속상한 상황에 처했을 때** 어울리는 말입니다.

🔖 네모 바꿔 끼우기

I'm here for you.	내가 여기 있어. 내게 기대.
Things will get better.	다 괜찮아질 거야.

DAY 56

읽씹 안읽씹 ▶ OUTPUT

▶ 관련영상: 99%가 제대로 못한다는 영어 위로 표현

OUTPUT 1

단어 채워 말하기 🎧
대화를 잘 듣고 빈칸에 알맞은 단어를 쓰세요.

▶ 56-1.mp3

B: Steve, _____ me. If Jamie leaves you on _____ every time, it's so _____ that she's not _____.
스티브, 내 말 들어. 제이미가 너 계속 안읽씹 하는 거면, 걔가 너한테 관심 없는 거 완전 빼박이야.

S: You really... think so? (...) Yeah... I think the more I become _____, the _____ she's gonna _____ me.
진짜… 그런 거 같아? (…) 맞아… 매달릴수록 더 날 싫어할 것 같아.

B: Yeah, for _____. I know it's hard but it's definitely better for you to move ____.
완전 그래. 힘들겠지만, 잊고 털어버리는 게(넘어가는 게) 확실히 나아.

S: I'll try. Thanks for the _____, Bailey.
해볼게. 조언 고마워, 베일리.

B: Hey, I understand how you're feeling. But Steve, time will _____ everything. _____ up. Everything will be fine.
야, 어떤 기분인지 알아. 근데 스티브, 시간이 해결해(전부 치유해) 줄 거야. 힘내. 다 괜찮아질 거야.

구문 채워 말하기
대화를 잘 듣고 빈칸에 알맞은 구문을 쓰세요.

56-2.mp3

B: Steve, trust me. If Jamie _____ every time, _____ she's not interested.
스티브, 내 말 들어. 제이미가 너 계속 안읽씹 하는 거면, 걔가 너한테 관심 없는 거 완전 빼박이야.

S: You really… think so? (…) Yeah... I think the more _____, the more _____.
진짜… 그런 거 같아? (…) 맞아… 매달릴수록 더 날 싫어할 것 같아.

B: Yeah, for sure. I know it's hard but _____ to move on.
완전 그래. 힘들겠지만, 잊고 털어버리는 게(넘어가는 게) 확실히 나아.

S: I'll try. Thanks for the advice, Bailey.
해볼게. 조언 고마워, 베일리.

B: Hey, I understand _____. But Steve, time will heal everything. Cheer up. Everything will be fine.
야, 어떤 기분인지 알아. 근데 스티브, 시간이 해결해 줄 거야. 힘내. 다 괜찮아질 거야.

문장 채워 말하기

대화를 잘 듣고 빈칸에 알맞은 문장을 쓰세요.

▶ 56-3.mp3

B: Steve, _____. _____
_____, _____
_____.
스티브, 내 말 들어. 제이미가 너 계속 안읽씹 하는 거면, 걔가 너한테 관심 없는 거 완전 빼박이야.

S: You really… think so? (…) Yeah… _____
_____, _____.
진짜… 그런 거 같아? (…) 맞아… 매달릴수록 더 날 싫어할 것 같아.

B: Yeah, for sure. I know it's hard but it's definitely better for you to move on.
완전 그래. 힘들겠지만, 잊고 털어버리는 게(넘어가는 게) 확실히 나아.

S: I'll try. Thanks for the advice, Bailey.
해볼게. 조언 고마워, 베일리.

B: Hey, _____.
But Steve, time will heal everything. _____.
_____.
야, 어떤 기분인지 알아. 근데 스티브, 시간이 해결해 줄 거야. 힘내. 다 괜찮아질 거야.

3번 반복하고 내 것으로 만들기

원어민과 똑같이 말하기
대화를 들으며 똑같이 따라 말해보세요. 녹음을 하면 더 좋습니다. ▶ 56-4.mp3

B: Steve, trust me. If Jamie leaves you on unread every time, it's so obvious that she's not interested.
스티브, 내 말 들어. 제이미가 너 계속 안읽씹 하는 거면, 걔가 너한테 관심 없는 거 완전 빼박이야.

S: You really... think so? (…) Yeah... I think the more I become clingy, the more she's gonna hate me.
진짜… 그런 거 같아? (…) 맞아… 매달릴수록 더 날 싫어할 것 같아.

B: Yeah, for sure. I know it's hard but it's definitely better for you to move on.
완전 그래. 힘들겠지만, 잊고 털어버리는 게(넘어가는 게) 확실히 나아.

S: I'll try. Thanks for the advice, Bailey.
해볼게. 조언 고마워, 베일리.

B: Hey, I understand how you're feeling. But Steve, time will heal everything. Cheer up. Everything will be fine.
야, 어떤 기분인지 알아. 근데 스티브, 시간이 해결해 줄 거야. 힘내. 다 괜찮아질 거야.

✓ **Self Checklist** 섀도잉하는 내 목소리를 녹음한 후, 녹음본을 들으며 평가해 보세요.

회차별로 평가하기 (A~D로)	1st	2nd	3rd
최대한 똑같은 속도로 따라 했다.			
최대한 정확한 발음과 강세로 따라 했다.			
INPUT에서 공부했던 내용이 기억난다.			

DAY 57

맥주 한잔? INPUT

▶ 관련영상: 원어민이 쿨한 척할 때 꼭 쓰는 표현ㅎㅎ

INPUT 1 — 귀 쫑긋 상황 파악

대화를 듣고 두 사람이 어떤 말을 주고받고 있는지 파악해 보세요. ▶ 57-1.mp3

(ring ring)

S: Oh, hi, Bailey. What's up?

B: Hey, Steve. I just called to make sure that you're feeling okay.

S: Haha... I'm fine. Thanks, though. **I appreciate you checking in on me.**

B: Ah, that's good. And... I was wondering if you wanted to grab a beer a little later. You know, to shake things off?

S: Well, I don't know... **And most of all, it's not that big of a deal, really.**

B: Okay... I just wanted to cheer you up, that's all. Sometimes, talking it out over a drink can help.

S: You know what? You're right. **A little distraction might do me some good.** Plus, we need to catch up as well!

귀 쫑긋 입 뻥긋

우리말을 보면서 영어 문장을 따라 해보세요.
(왼쪽 영어 문장을 보면서 따라 읽어도 좋습니다.)

▶ 57-2.mp3

(따르릉 따르릉)

S: 어, 하이, 베일리. 무슨 일이야?

B: 스티브, 하이. 그냥 너 기분 좀 괜찮은지 확인하려고 전화해봤어.

S: ㅎㅎ… 괜찮아. 그래도 고마워. 나 잘 있는지 확인해줘서 고마워.

B: 아, 다행이네. 그리고… 좀 이따 맥주 한잔 하는 거 어떤가 했지. 있지, 다 훌훌 털어버리게!

S: 아, 모르겠네… 그리고 무엇보다, 그렇게 별일은 아니야, 정말로.

B: 아, 알았어… 그냥 네가 힘 좀 냈으면 했어. 그게 다야. 가끔은 술 한잔 하면서 털어놓으면 도움이 될 때도 있잖아.

S: 있지, 네 말이 맞아. 잠깐 다른 거 하는 게 나한테 도움이 될 수도 있을 것 같아. 게다가, 우리 밀린 얘기도 좀 해야지!

주요 표현 힌트 박스

그냥 ~하려고 전화했어	I just called to V
[누구]가 잘 있는지 확인하다, [누구]를 신경 써주다	check in on [누구]
다행이네.	That's good.
~하는 거 어떤가 했어	I was wondering if you wanted to V (p.117 패턴 활용)
다 훌훌 털어버리다	shake things off
그렇게 별일은 아닌	not that big of a deal
그게 다야.	That's all.
술 한잔하면서	over a drink
털어놓다	talk it out
[누구]에게 도움되다	do [누구] some good
~할 수도 있을 것 같다	might V (might는 약한 가능성의 의미를 더해주는 조동사예요.)

ZOOM IN 한줌영어
INPUT 3 주요 표현과 문법을 공부하고, 추가 단어로 다양하게 응용해 보세요. ▶ 57-3.mp3

🔍 ZOOM IN 1. 고마운 내용 자세히 말하기

> I appreciate you checking in on me.
> 나 잘 있는지 확인해줘서 고마워.

✦ Thank you.로 고마움을 많이 표현하는데, 좀 더 진지하게 혹은 색다르게 감사함을 표현하고 싶다면 동사 appreciate을 활용해 보세요. 간략하게는 I appreciate it. 혹은 I appreciate your help.도 많이 쓰지만, 상대의 감사한 행동을 자세하게 덧붙일 때에는 I appreciate you V-ing라고 할 수 있습니다. ✦ 여기서 check in은 누군가와 근황을 나누거나 어떤 것에 대한 팔로업을 할 때 넓게 쓸 수 있는 구동사인데, check in on [누구]라고 하면 보통은 [누구]가 힘들거나 걱정될 때 '잘 있는지 확인하다', '신경 써주다' 정도의 의미로 쓰여요.

🔖 네모 바꿔 끼우기

I appreciate you	taking the time to help me out. 나 도와주려고 시간 내줘서 고마워.
	keeping me in the loop. 일이 어떻게 돌아가는지 계속 업데이트해줘서 고마워.

🔍 ZOOM IN 2. 그렇게 큰 ~는 아니다

> And most of all, it's not that big of a deal, really.
> 그리고 무엇보다, 그렇게 별일(큰일)은 아니야, 정말로.

✦ It's not that big of a deal 구조가 특이하게 느껴졌을 텐데, 쪼개서 함께 생각해 볼게요. '그렇게 크지 않아'를 영어로 It's not that big이라고 할 수 있는데, 그 크지 않은

것이 무엇인지를 뒤에 of로 연결해서 말할 수 있어요. 그냥 '큰일이 아니야'인 It's not a big deal과 구조적 차이가 크지요?

🔍 네모 바꿔 끼우기

And most of all, it's not that big of	a problem, 그렇게 큰 문제는 아니야,	really. 정말로.
	a hassle, 그렇게 귀찮은 일은 아니야,	

🔎 ZOOM IN 3. ~가 도움이 될 수도 있을 것 같아

> A little distraction might do me some good.
> 잠깐 다른 거 하는 게 나한테 도움이 될 수도 있을 것 같아.

✦ might는 동사 앞에 붙어서 **약한 가능성**을 나타내주는 조동사예요. '~일 수도 있다'의 뉘앙스를 가지고 있습니다. ✦ 무언가가 도움이 된다고 말하고 싶은데, help 동사까지 쓰기에는 직접적이거나 구체적인 도움이나 해결책을 주는 것은 아닐 때, do [누구] some good을 써보세요. 조금 더 포괄적인 의미를 가지고 있고, 특정한 상황이나 감정에 긍정적인 영향을 주는 것에 중점을 둘 수 있습니다.

🔍 네모 바꿔 끼우기

A little exercise 운동 조금 하는 게	might do	you 네게 좋을 수도 있을 것 같아.	some good.
A day off 하루 쉬는 게(하루 연차가)		us 우리에게 좋을 수도 있을 것 같아.	

DAY 58

맥주 한잔? ▶ OUTPUT

▶ 관련영상: 원어민이 쿨한 척할 때 꼭 쓰는 표현 ㅎㅎ

OUTPUT 1 — 단어 채워 말하기
대화를 잘 듣고 빈칸에 알맞은 단어를 쓰세요. ● 58-1.mp3

(ring ring) (따르릉 따르릉)

S: Oh, hi, Bailey. What's up? 어, 하이, 베일리. 무슨 일이야?

B: Hey, Steve. I just called to make _____ that you're feeling okay. 스티브, 하이. 그냥 너 기분 좀 괜찮은지 확인하려고 전화해봤어.

S: Haha… I'm fine. Thanks, _____. I appreciate you checking in ____ me.
ㅎㅎ… 괜찮아. 그래도 고마워. 나(에 대해) 잘 있는지 확인해줘서 고마워.

B: Ah, that's _____. And… I was wondering if you wanted to grab a beer a little later. You know, to _____ things off?
아, 다행이네. 그리고… 좀 이따 맥주 한잔 하는 거 어떤가 했지. 있지, 다 훌훌 털어버리게!

S: Well, I don't know… And _____ of all, it's not that big of a _____, really.
아, 모르겠네… 그리고 무엇보다, 그렇게 별일 은 아니야, 정말로.

B: Okay… I just wanted to _____ you up, that's all. Sometimes, talking it ____ over a drink can help.
아, 알았어… 그냥 네가 힘 좀 냈으면 했어. 그게 다야. 가끔은 술 한잔하면서 털어놓으면 도움이 될 때도 있잖아.

S: You know what? You're right. A little _____ might do me some good. Plus, we need to _____ up as well!
있지, 네 말이 맞아. 잠깐 다른 거 하는 게 나한테 도움이 될 수도 있을 것 같아. 게다가, 우리 밀린 얘기도 좀 해야지!

OUTPUT 2 구문 채워 말하기
대화를 잘 듣고 빈칸에 알맞은 구문을 쓰세요.   ▶ 58-2.mp3

(ring ring)
(따르릉 따르릉)

S: Oh, hi, Bailey. What's up?
어, 하이, 베일리. 무슨 일이야?

B: Hey, Steve. I just called to make sure that you're _____.
스티브, 하이. 그냥 너 기분 좀 괜찮은지 확인하려고 전화해봤어.

S: Haha... I'm fine. Thanks, though. I _____ checking in on me.
ㅎㅎ… 괜찮아. 그래도 고마워. 나 잘 있는지 확인해줘서 고마워.

B: Ah, that's good. And... _____ you wanted to grab a beer a little later. You know, to shake things off?
아, 다행이네. 그리고… 좀 이따 맥주 한잔 하는 거 어떤가 했지. 있지, 다 훌훌 털어버리게!

S: Well, I don't know… And most of all, it's _____ of a deal, really.
아, 모르겠네… 그리고 무엇보다, 그렇게 별일은 아니야, 정말로.

B: Okay... I just wanted to cheer you up, that's all. Sometimes, talking it out _____ can help.
아, 알았어… 그냥 네가 힘 좀 냈으면 했어. 그게 다야. 가끔은 술 한잔하면서 털어놓으면 도움이 될 때도 있잖아.

S: You know what? You're right. A little distraction might do me _____. Plus, we need to catch up _____!
있지, 네 말이 맞아. 잠깐 다른 거 하는 게 나한테 도움이 될 수도 있을 것 같아. 게다가, 우리 밀린 얘기도 좀 해야지!

문장 채워 말하기

대화를 잘 듣고 빈칸에 알맞은 문장을 쓰세요.

▶ 58-3.mp3

(ring ring)
(따르릉 따르릉)

S: Oh, hi, Bailey. What's up?
어, 하이, 베일리. 무슨 일이야?

B: Hey, Steve. _____
_____.
스티브, 하이. 그냥 너 기분 좀 괜찮은지 확인하려고 전화해봤어.

S: Haha… I'm fine. Thanks, though. _____
_____.
ㅎㅎ… 괜찮아. 그래도 고마워. 나 잘 있는지 확인해줘서 고마워.

B: Ah, that's good. And… _____
_____. You know, to shake things off?
아, 다행이네. 그리고… 좀 이따 맥주 한잔 하는 거 어떤가 했지. 있지, 다 훌훌 털어버리게!

S: Well, I don't know… _____,
_____, _____.
아, 모르겠네… 그리고 무엇보다, 그렇게 별일은 아니야, 정말로.

B: Okay… _____,
_____. _____, _____
_____.
아, 알았어… 그냥 네가 힘 좀 냈으면 했어. 그게 다야. 가끔은 술 한잔하면서 털어놓으면 도움이 될 때도 있잖아.

S: You know what? You're right. _____
_____. Plus, we need to catch up as well!
있지, 네 말이 맞아. 잠깐 다른 거 하는 게 나한테 도움이 될 수도 있을 것 같아. 게다가, 우리 밀린 얘기도 좀 해야지!

3번 반복하고 내 것으로 만들기

원어민과 똑같이 말하기

대화를 들으며 똑같이 따라 말해보세요. 녹음을 하면 더 좋습니다.

▶ 58-4.mp3

(ring ring)
(따르릉 따르릉)

S: Oh, hi, Bailey. What's up? 어, 하이, 베일리. 무슨 일이야?

B: Hey, Steve. I just called to make sure that you're feeling okay. 스티브, 하이. 그냥 너 기분 좀 괜찮은지 확인하려고 전화해봤어.

S: Haha... I'm fine. Thanks, though. I appreciate you checking in on me. ㅎㅎ… 괜찮아. 그래도 고마워. 나 잘 있는지 확인해줘서 고마워.

B: Ah, that's good. And... I was wondering if you wanted to grab a beer a little later. You know, to shake things off? 아, 다행이네. 그리고… 좀 이따 맥주 한잔 하는 거 어떤가 했지. 있지, 다 훌훌 털어버리게!

S: Well, I don't know... And most of all, it's not that big of a deal, really. 아, 모르겠네… 그리고 무엇보다, 그렇게 별일은 아니야, 정말로.

B: Okay... I just wanted to cheer you up, that's all. Sometimes, talking it out over a drink can help. 아, 알았어… 그냥 네가 힘 좀 냈으면 했어. 그게 다야. 가끔은 술 한잔하면서 털어놓으면 도움이 될 때도 있잖아.

S: You know what? You're right. A little distraction might do me some good. Plus, we need to catch up as well! 있지, 네 말이 맞아. 잠깐 다른 거 하는 게 나한테 도움이 될 수도 있을 것 같아. 게다가, 우리 밀린 얘기도 좀 해야지!

✓ **Self Checklist** 섀도잉하는 내 목소리를 녹음한 후, 녹음본을 들으며 평가해 보세요.

회차별로 평가하기 (A~D로)	1st	2nd	3rd
최대한 똑같은 속도로 따라 했다.			
최대한 정확한 발음과 강세로 따라 했다.			
INPUT에서 공부했던 내용이 기억난다.			

DAY 59

고백  INPUT

▶ 관련영상: '고백하다' confess라고 하면 안 되는 경우

영상&음성

INPUT 1   귀 쫑긋 상황 파악
대화를 듣고 두 사람이 어떤 말을 주고받고 있는지 파악해 보세요.   ▶ 59-1.mp3

S: (sighs) I really thought things were going well with Jamie, but now 🔍 **I feel like I've been wasting my time.**

B: I get it. I would be frustrated, too.

S: Yeah…

B: Steve, you really deserve someone who values you, and I actually…

S: You know what? 🔍 **Now that I think about it, I've never really told her directly how I feel about her.**

B: Are you serious? Well, at least you gotta give it a try! What do you have to lose?

S: You're right.

B: 🔍 **Just tell her how you feel. You never know, she might feel the same way.**

귀 쫑긋 입 뻥긋

우리말을 보면서 영어 문장을 따라 해보세요.
(왼쪽 영어 문장을 보면서 따라 읽어도 좋습니다.)

▶ 59-2.mp3

S: (한숨을 쉬며) 정말이지, 제이미와 잘 되고 있다고 생각했는데, 이제는 시간 낭비였던 것 같아.

B: 이해해. 나였어도 답답했을 거야.

S: 응…

B: 스티브, 너는 정말로 너를 소중히 여기는 사람을 만날 자격이 있어. 그리고 사실 나…

S: 그거 알아? 이제 생각해보니까, 나 걔한테 직접 고백한 적이 없어.

B: 진짜로? 최소한 시도는 해봐야지! 잃을 게 뭐가 있어?

S: 맞아.

B: 그냥 네 감정을 솔직하게 말해봐. 누가 알아? 어쩌면 걔도 같은 마음일지.

주요 표현 힌트 박스

~와 잘 되어가다	Things are going well with ~
답답한	frustrated
소중히 여기다	value
이제 생각해보니까,	Now that I think about it,
[누구]에게 고백하다 (마음을 말하다)	tell [누구] how I feel about [누구]
최소한	at least
시도해보다	give it a try
잃을 게 뭐가 있어?	What do you have to lose?
누가 알아?	You never know
같은 마음이다	feel the same way

ZOOM IN 한줌영어
INPUT 3
주요 표현과 문법을 공부하고, 추가 단어로 다양하게 응용해 보세요. ▶ 59-3.mp3

🔍 ZOOM IN 1. 감정이나 주관적인 생각 말하기

> **I feel like** I've been wasting my time .
> 시간낭비였던 것 같아.

◆ '~인 것 같다'를 이야기할 때 I think도 많이 쓰지만, I feel like도 굉장히 흔하게 쓰이는 표현인데요. 의견이나 (이성적인) 생각에는 I think가 더 어울리고, **어떤 상황에 대해 감정 혹은 주관적인 경험을 통한 생각을 말할 때에는 I feel like을** 더 많이 씁니다. ◆ 현재완료(have + p.p.)에 진행형(be V-ing)을 넣으면, **현재완료진행(have been V-ing)**이 되는데요, 과거 어느 시점부터 현재까지 '쭉 ~해왔다, 쭉 ~해오고 있다' 정도로 해석하면 됩니다.

🔍 네모 바꿔 끼우기

I feel like	I should give him a chance. 그에게 기회를 한번 줘야 할 것 같아. (그런 느낌이 들어)
	I've seen this movie before. 이 영화 이전에 본 것 같아. (그런 느낌이 들어)

🔍 ZOOM IN 2. 이제 생각해보니까, …

> Now that I think about it, I've never really told her directly how I feel about her .
> 이제 생각해보니까, 나 걔한테 직접 고백한 적이 없어.

◆ 어떤 상황이나 주제에 대해 생각해보고, 그 결과 새로운 깨달음을 얻었을 때 Now that I think about it, 하고 생각을 공유할 수 있습니다. 주로 **대화 도중에 생각이 바뀌**

었거나, 처음에 미처 생각하지 못한 점을 강조할 때 사용해요.

🗨 네모 바꿔 끼우기

Now that I think about it, 이제 생각해보니까,	I've never finished a single English book! 나 영어 책 한 권을 끝낸 적이 없네!
	it wouldn't be so bad to try something new. 새로운 걸 시도하는 것도 그렇게 나쁘지 않을 것 같아.

🔍 ZOOM IN 3. 조동사 might의 뉘앙스

> Just tell her how you feel. You never know, she might feel the same way.
>
> 그냥 네 감정을 솔직하게 말해봐. 누가 알아? 어쩌면 걔도 같은 마음일지.

✦ 조동사 might는 '낮은 가능성'을 표현합니다. may와 비슷하지만(⚠ [비교] p.127 Zoom In 3), might는 그보다 조금 더 낮은 확률이나 불확실성을 강조할 때 사용합니다. she might feel the same way는 '그녀가 같은 마음일 수도 있지만, 확실하지는 않다'는 뉘앙스를 담고 있는 거죠.

🗨 확실한 정도 비교

100% ↑↓ 0%	She **feels** the same way.
	She **probably feels** the same way.
	She **may feel** the same way.
	She **might feel** the same way.
	She **probably doesn't feel** the same way.
	She **doesn't feel** the same way.

DAY 60

고백 ▶ OUTPUT

▶ 관련영상: '고백하다' confess라고 하면 안 되는 경우

OUTPUT 1 | 단어 채워 말하기
대화를 잘 듣고 빈칸에 알맞은 단어를 쓰세요.   ▶ 60-1.mp3

S: (sighs) I really thought things _____ going well with Jamie, but now I feel like I've been _____ my time.
(한숨을 쉬며) 정말이지, 제이미와 잘 되고 있다고 생각했는데, 이제는 시간 낭비였던 것 같아.

B: I get it. I would be _____, too.
이해해. 나였어도 답답했을 거야.

S: Yeah… 응…

B: Steve, you really _____ someone who _____ you, and I actually…
스티브, 너는 정말로 너를 소중히 여기는 사람을 만날 자격이 있어. 그리고 사실 나…

S: You know what? _____ that I think about it, I've never really told her directly _____ I feel about her.
그거 알아? 이제 생각해보니까, 나 걔한테 (내가 어떤 감정인지) 직접 고백한 적이 없어.

B: Are you _____? Well, at _____ you gotta give it a try! What do you have to _____?
진짜로? 최소한 시도는 해봐야지! 잃을 게 뭐가 있어?

S: You're right. 맞아.

B: Just tell her _____ you feel. You never know, she might feel the same _____.
그냥 네 감정을(네 감정이 어떤지) 솔직하게 말해봐. 누가 알아? 어쩌면 걔도 같은 마음일지(같은 식으로 느낄지).

구문 채워 말하기

대화를 잘 듣고 빈칸에 알맞은 구문을 쓰세요.

🔊 60-2.mp3

S: (sighs) I really thought things were _____ Jamie, but now I feel like _____ wasting my time.
(한숨을 쉬며) 정말이지, 제이미와 잘 되고 있다고 생각했는데, 이제는 시간 낭비였던 것 같아.

B: I get it. I _____ frustrated, too.
이해해. 나였어도 답답했을 거야.

S: Yeah…
응…

B: Steve, you really deserve someone who values you, and I actually…
스티브, 너는 정말로 너를 소중히 여기는 사람을 만날 자격이 있어. 그리고 사실 나…

S: _____? Now that I think about it, I've never really told her directly how I feel about her.
그거 알아? 이제 생각해보니까, 나 걔한테 직접 고백한 적이 없어.

B: Are you serious? Well, _____ you gotta give it a try! What do you have to lose?
진짜로? 최소한 시도는 해봐야지! 잃을 게 뭐가 있어?

S: You're right.
맞아.

B: Just _____. _____, she might feel the same way.
그냥 네 감정을 솔직하게 말해봐. 누가 알아? 어쩌면 걔도 같은 마음일지.

OUTPUT 3 문장 채워 말하기
대화를 잘 듣고 빈칸에 알맞은 문장을 쓰세요.

🔊 60-3.mp3

S: (sighs) _____
_____, _____
_____.
(한숨을 쉬며) 정말이지, 제이미와 잘 되고 있다고 생각했는데, 이제는 시간 낭비였던 것 같아.

B: I get it. _____.
이해해. 나였어도 답답했을 거야.

S: Yeah…
응…

B: Steve, you really deserve someone who values you, and I actually…
스티브, 너는 정말로 너를 소중히 여기는 사람을 만날 자격이 있어. 그리고 사실 나…

S: You know what? _____,
_____
_____.
그거 알아? 이제 생각해보니까, 나 걔한테 직접 고백한 적이 없어.

B: Are you serious? Well, at least you gotta give it a try! _____?
진짜로? 최소한 시도는 해봐야지! 잃을 게 뭐가 있어?

S: You're right.
맞아.

B: _____. _____,
_____.
그냥 네 감정을 솔직하게 말해봐. 누가 알아? 어쩌면 걔도 같은 마음일지.

원어민과 똑같이 말하기

대화를 들으며 똑같이 따라 말해보세요. 녹음을 하면 더 좋습니다.

▶ 60-4.mp3

S: (sighs) I really thought things were going well with Jamie, but now I feel like I've been wasting my time.
(한숨을 쉬며) 정말이지, 제이미와 잘 되고 있다고 생각했는데, 이제는 시간 낭비였던 것 같아.

B: I get it. I would be frustrated, too. 이해해. 나였어도 답답했을 거야.

S: Yeah… 응…

B: Steve, you really deserve someone who values you, and I actually…
스티브, 너는 정말로 너를 소중히 여기는 사람을 만날 자격이 있어. 그리고 사실 나…

S: You know what? Now that I think about it, I've never really told her directly how I feel about her.
그거 알아? 이제 생각해보니까, 나 걔한테 직접 고백한 적이 없어.

B: Are you serious? Well, at least you gotta give it a try! What do you have to lose?
진짜로? 최소한 시도는 해봐야지! 잃을 게 뭐가 있어?

S: You're right. 맞아.

B: Just tell her how you feel. You never know, she might feel the same way.
그냥 네 감정을 솔직하게 말해봐. 누가 알아? 어쩌면 걔도 같은 마음일지.

✓ **Self Checklist** 섀도잉하는 내 목소리를 녹음한 후, 녹음본을 들으며 평가해 보세요.

회차별로 평가하기 (A~D로)	1st	2nd	3rd
최대한 똑같은 속도로 따라 했다.			
최대한 정확한 발음과 강세로 따라 했다.			
INPUT에서 공부했던 내용이 기억난다.			

🔍 ZOOM IN 찾아보기

> INPUT의 [ZOOM IN 한줌영어] 코너에는 자신 있는 영어 말하기를 위한 회화 표현과 영문법 꿀팁이 가득합니다. 배운 내용을 복습하고 궁금한 내용을 바로 찾아볼 수 있도록 정리했으니, 필요할 때마다 꺼내 보세요!

[강조]	even으로 뉘앙스 추가하기	Day 13 · 068
[남의 말 전달]	과거에 들은 말 전달하기	Day 35 · 160
[대답]	그렇게 해주세요	Day 45 · 203
	알았다고 대답하기	Day 25 · 119
	제안에 '콜!'이라고 답하기	Day 03 · 027
[명사]	가산명사로 쓰인 time	Day 13 · 069
	정관사 the의 쓰임	Day 17 · 084
[쇼핑]	교환/환불 요청하기	Day 29 · 135
[식사]	'먹다'를 표현하는 다양한 동사들	Day 03 · 026
[예약]	식당 예약하기	Day 41 · 186
	예약하다	Day 23 · 110
	일정(스케줄, 약속, 예약) 관련 표현들	Day 01 · 018
[요청]	예의 바르게 요청하기 ① 혹시 ~해주실 수 있나요?	Day 23 · 110
	예의 바르게 요청하기 ② 혹시 가능하다면	Day 43 · 194
	예의 바르게 요청하기 ③ 혹시 ~해주실 수 있을까요?	Day 43 · 195
	예의 바르게 요청하기 ④ ~해주실 수 있다면	Day 47 · 210
[의견묻기]	상대의 생각/의견 묻기	Day 35 · 160
	상대의 의견 묻기	Day 09 · 050
[의견생각]	~인 것처럼 보인다	Day 13 · 068
	가성비 안 좋다	Day 11 · 060
	가성비 좋다	Day 11 · 060
	감정이나 주관적인 생각 말하기	Day 59 · 260
	별로일 때 so-so 말고	Day 11 · 061
	부드럽게 내 의견 말하기 ① 약간의 부정적 평가를 더해서 말할 때	Day 33 · 153
	부드럽게 내 의견 말하기 ②	Day 49 · 218

[인사]	장소의 분위기를 표현해보기 ①	Day 31 · 144
	장소의 분위기를 표현해보기 ②	Day 33 · 152
	감사함 표현하기	Day 29 · 135
	고마운 내용 자세히 말하기	Day 57 · 252
	마무리 인사하기	Day 41 · 187
	상대의 사과에 반응하기	Day 47 · 211
[입국심사]	방문 기간 질문에 대답하기	Day 21 · 103
	방문 목적 질문에 대답하기	Day 21 · 102
	숙소 질문에 대답하기	Day 21 · 103
[전화]	읽씹, 안읽씹 영어로	Day 55 · 244
	전화를 잘못 걸었을 때 핑계대기	Day 53 · 236
	전화·문자 관련 표현들 ①	Day 51 · 228
	전화·문자 관련 표현들 ②	Day 53 · 236
	전화를 못 받았을 때 핑계대기	Day 51 · 229
[조동사]	~가 있었나봐요: must 활용하기	Day 47 · 210
	would의 실제 쓰임 ① will 정도의 낮춤 '~일 것 같다'	Day 25 · 118
	would의 실제 쓰임 ② 공손한 느낌 장착	Day 29 · 134
	조동사 may의 뉘앙스	Day 27 · 127
	조동사 might의 뉘앙스	Day 59 · 261
[조언]	하나에 집중하라고 말하기	Day 09 · 051
[주어]	일반인 주어 they	Day 05 · 035
	일반인 주어 you	Day 09 · 050
	행위(동사)를 주어로 만들기	Day 37 · 168
[친절배려]	편하게 해도 된다고 말하기	Day 23 · 111
[칭찬/격려/위로]	상대가 슬퍼할 때 위로하기	Day 55 · 245
	상대에게 자신감 심어주기	Day 07 · 043
	상대의 능력을 칭찬하기	Day 15 · 076
[카페/식당]	Anything else?에 대한 대답 ① 음료 커스터마이징	Day 39 · 176
	Anything else?에 대한 대답 ② 추가 주문이나 커스터마이징이 없을 때	Day 39 · 177
	메뉴 주문하기 ①	Day 39 · 176
	메뉴 주문하기 ②	Day 43 · 194
	음료에 들어가는 재료 변경해보기	Day 31 · 145

	음료의 맛 표현해보기	Day 31 • 144
[표현]	~가 도움이 될 수도 있을 것 같아	Day 57 • 253
	~에 있든지 간에	Day 33 • 152
	~에서 편하게	Day 49 • 219
	~할수록 더 ~하다	Day 55 • 245
	'찐'이다	Day 17 • 085
	A가 B하도록 도와준다고 말하기	Day 37 • 168
	capture은 '캡처하다'일까?	Day 19 • 092
	그렇게 큰 ~는 아니다	Day 57 • 252
	동사로 쓸 때 주의해야 하는 단어, challenge	Day 17 • 085
	동작을 시연할 때	Day 15 • 077
	무언가가 잘 안 담길 때	Day 19 • 092
	방문 목적 말하기	Day 37 • 169
	비교가 안 될 때	Day 19 • 093
	생리(월경) 관련 표현들	Day 03 • 026
	엉덩이가 빠지도록 '빡세게'	Day 07 • 042
	영어 추임새: You know	Day 51 • 229
	이제 생각해보니까, …	Day 59 • 260
	정확히 생각나지 않을 때 얼버무리기	Day 35 • 161
	착각했을 때: '~인 줄 알았다'	Day 53 • 237
	콩글리시	Day 05 • 034
	회사생활 필수 영어표현	Day 07 • 042
[현재완료]	~한 지 얼마나 됐다고 말하기	Day 45 • 202
	현재완료의 쓰임: 최근에 발생한 일이 현재 영향을 미칠 때	Day 45 • 203
[호텔/식당/카페]	상대의 제안/호의에 괜찮다고 답하기	Day 27 • 126
	호텔 전화에서의 첫마디	Day 27 • 126
[확인]	꼬리 질문하기: 부가의문문	Day 01 • 019
	부드럽게 이유 묻기	Day 49 • 218
	예의 바르게 개인 정보 묻기	Day 41 • 186
	원어민한테 뜻/단어/표현을 물어볼 때	Day 15 • 076